101 ideas para que

tu hijo crezca feliz

DISCARD

101 ideas para que tu hijo crezca feliz

Lisa McCourt

TRADUCCIÓN
Arancha Caballero Naranjo para Grupo ROS

REVISIÓN
Grupo ROS

MADRID ● BUENOS AIRES ● CARACAS ● GUATEMALA ● LISBOA
MÉXICO ● NUEVA YORK ● PANAMÁ ● SAN JUAN ● SANTAFÉ DE BOGOTÁ
SANTIAGO ● SAO PAULO ● AUCKLAND ● HAMBURGO ● LONDRES ● MILÁN
MONTREAL ● NUEVA DELHI ● PARÍS ● SAN FRANCISCO ● SIDNEY ● SINGAPUR
ST. LOUIS ● TOKIO ● TORONTO

101 IDEAS PARA QUE TU HIJO CREZCA FELIZ

McGraw-Hill/Interamericana de España, S.A.U.

DERECHOS RESERVADOS © 2002, respecto a la primera edición en español, por McGRAW-HILL/INTERAMERICANA DE ESPAÑA, S.A.U.
Edificio Valrealty, 1ª planta. C/ Basauri, 17
28023 Aravaca (Madrid)
www.mcgraw-hill.es
profesional@mcgraw-hill.com

Traducido de la primera edición en inglés de
101 WAYS TO RAISE A HAPPY TODDLER
ISBN: 0-7373-0473-1

Copyright de la edición original en lengua inglesa © 2000 por NTC/Contemporary Publishing Group, Inc.

ISBN: 84-481-3734-5
Depósito legal: M. 34.284-2002

Editora: Mercedes Rico Grau

Diseño de cubierta e interiores: DIMA

Compuesto en Grupo ROS

Impreso en FARESO, S. A.

IMPRESO EN ESPAÑA - PRINTES IN SPAIN

Índice

*Dedicado a Greg, la mejor pareja en esta aventura
envolvente y a veces mítica que llamamos ser padres.*

L.M.

Agradecimientos

Gracias a Margaret y Andry Petry, Jaimie y David Karas, Robyn y Charles Shaffer, Julie Skokan y Mike James, Abby y Doug Zalenski, Kathleen Cannon y Lisa y Bob Berstein, por las horas pasadas escuchando detalles que ninguna persona sin niños debería sufrir; por vuestras maravillosas ideas en todos los aspectos, desde la limpieza a las fiestas; por la forma tan delicada de sacar las manos pegajosas de nuestros hijos del pelo y la ropa de otro... y sobre todo, por vuestra generosidad de espíritu al uniros a nosotros para aguantar, amar y disfrutar de esta gente diminuta de la forma que lo hacemos.

Espero seguir compartiendo este accidentado y emocionante viaje con vosotros en los años venideros.

Y, por supuesto, un agradecimiento especial a los pequeños maestros de este curso: Tucker, Anderson, Nicholas, Emily, Ryan, Luke, Liam, Jessica, Hannah, Cullen y Max.

Introducción

Estoy convencida de que ser padre de un niño pequeño es, al mismo tiempo, la tarea más increíblemente divertida y más increíblemente frustrante que ningún ser humano puede realizar. No importa lo mucho que te hayan advertido sobre los terribles primeros dos años, todos los padres novatos creen que su hijo es diferente. La primera vez que aparezca un arrebato de desafío o estalle la primera rabieta de verdad, pensarás: «Algo va mal. Mi hijo no es así. ¿Tendrá una infección de oído?». Pero cuando ha ocurrido cuatro o cinco veces, la realidad empieza a emerger: mi adorable, complaciente y cariñoso bebé se ha convertido en un niño pequeño. Y todo lo que he oído sobre niños pequeños es cierto.

Muchos psicólogos han comparado los primeros dos o tres años de vida de un niño con la adolescencia. Marcan la transición de bebé a niño, igual que los años adolescentes marcan la transición de la edad infantil a la adulta. Ambas transiciones son difíciles, llenas de conflictos entre las ansias de independencia y los deseos de permanecer dependientes. Y es obvio que los años más complicados de la vida de un niño también son los de los padres.

Pero la naturaleza es sabia y evita que los padres tiren a sus hijos por la ventana haciendo que encuentren encantadores los actos más desafortunados. Y de esta manera, los peores comportamientos se mezclan con abrazos que les salen del alma, declaraciones de amor y concepciones del mundo erróneas pero muy tiernas, demostrándonos así cuánto nos necesitan.

Penelope Leach, una autoridad en el desarrollo de los niños y una fuente de consejos para padres de todo el mundo, escribe:

> Los niños resultan complicados en la convivencia con sus padres. De hecho, la verdadera razón de que todo el mundo esté interesado en la disciplina desde una temprana edad no es que los niños pequeños sean malos, es que los adultos los encuentran agotadores. Los niños son ruidosos, desordenados, revoltosos, despistados, poco cuidadosos, absorbentes y omnipresentes. Al contrario de la visita más pesada, no se van nunca. No se pueden guardar en una estantería durante unas semanas si estás ocupado, como cualquier hobby; ni siquiera se les puede ignorar, como a un animal doméstico, mientras duermes el domingo por la mañana, porque tienen la asombrosa habilidad de hacerte sentir culpable. Estos sentimientos de culpabilidad hacia los niños son bastante peores que un cuenco de cereales derramado, un mordisco a un amigo o las paredes llenas de barra de labios. Amar a un niño (como saben casi todos los padres) aumenta tanto el dolor por ellos, como la felicidad que proporcionan.

Amarlos es el tema principal de este libro. Amar a un niño completa e incondicionalmente a pesar de todas esas cualidades que te desesperan es fundamental para su felicidad. En muchos casos, ayuda considerablemente a comprender las razones de esas cualidades. Los primeros años representan una etapa crucial en el desarrollo de un niño. Como escribe Maria Montessori en *The Absorbent Mind*: «El niño absorbe los conocimientos directamente en su vida psíquica... las impresiones no sólo entran en su mente, la forman». Las impresiones que absorba tu hijo tienen esta importancia. Le forman a él y a la persona en la que se convertirá.

He escrito este libro porque quería una buena excusa para leer todo lo que se ha publicado para padres de niños pequeños. Lo escribí mientras mi hijo aprendía a andar y ayudándome de los contactos regulares que mantenía con muchos otros padres en mi situación. En él, comparto las experiencias que he tenido con mi hijo Tucker, así como las de otros padres. También verás que cito mucho a mis expertos favoritos, porque yo sólo soy una madre y ellos... bueno, ellos son los expertos. En la mayoría de los casos he evitado asociar determinados comportamientos con una edad concreta, porque los niños pequeños desarrollan sus habilidades en un rango de edad bastante amplio. Si algo que leas aquí no ocurre todavía con tu pequeño, probablemente se dé en algún momento.

En *101 ideas para que tu hijo crezca feliz*, dedico muchas páginas a describir el principio del *attachment parenting* (que afecta sobre todo a los infantes), porque los bebés que reciben cariño son bebés felices. Lo mismo también es aplicable, por supuesto, a los niños pequeños. Un pequeño sin lazos de cariño sólidos y fuertes con adultos que le quieran, no será feliz. El cariño de los padres proporciona el marco óptimo y la seguridad necesaria para que los más pequeños desarrollen nuevas habilidades y capacidades, y su felicidad depende de estos avances.

El estilo de criar a los hijos denominado *attachment parenting* ofrece menos sugerencias concretas para los primeros años que para la infancia, pero los principios fundamentales son los mismos. Lo primero y principal es que debes conocer y aceptar a tu hijo como la persona única que es. Es crucial que conserves este vínculo de unión dedicándole atención y pasando mucho tiempo juntos. No es posible obtener lo mejor de tu hijo y hacerle más feliz si no construyes una conexión intuitiva y profunda con él.

Escucha y confía en tu hijo. Concédele el beneficio de la duda. Ser padre es un trabajo duro, pero es el más importante de tu vida. La frustración que puede conllevar sólo se compensa con los buenos momentos que pasarás. La intención de la mayoría de las sugerencias de este libro es fortalecer el vínculo entre tú y tu hijo, porque ese vínculo será la piedra angular de su felicidad, ahora y siempre. Remángate y sumérgete en este libro, porque tus esfuerzos para que tu hijo crezca feliz siempre te recompensarán con creces.

Cómo usar este libro

Utiliza esta guía ordenada por temas para encontrar respuestas rápidas a tus preguntas. (El índice alfabético te servirá para encontrar información más específica).

Modificación del comportamiento

Disciplina

Distraer a un niño

El niño y el aseo

Buena educación

La naturaleza de los niños

Cuidado de tu hijo

Las dificultades de ser padres

Tiempo con los niños

Aprender a usar el baño

Llantinas

1

Comprender el mundo de los niños

Los niños pequeños son la quintaesencia del egocentrismo. Los niños piensan que cualquier cosa con la que entran en contacto está ahí para su entretenimiento o beneficio. Están completamente seguros de que los demás les leen el pensamiento y de que su obligación es hacer realidad sus deseos. Les mueve un deseo irrefrenable de explorar y realizar experimentos para ampliar sus conocimientos y desarrollo.

Sin embargo, todavía no han generado suficiente tolerancia al sentimiento de frustración, de manera que todos los obstáculos que impiden su progreso, léase su progenitor, sus propias limitaciones o un calcetín que se niega a encajar en su pie, son claros objetivos de su ira. Esta ira no conoce límites, simplemente porque el niño todavía no sabe que lo correcto es intentar contenerla. Cuando estalla, se asusta tanto o más que los que le rodean.

Como padre, es fundamental que aceptes que las rabietas de un niño son inevitables, al igual que el desafío y las agresiones. Esta explosión de emociones no desaparece de un día para otro. La frecuencia con la que ocurran dependerá en gran medida de la personalidad de tu hijo. No puedes controlar por completo el comportamiento de otra persona, ni siquiera de tu propio hijo, pero puedes y debes aprender a controlar tus reacciones a ese comportamiento. Tu hijo aprenderá más rápida y fácilmente si le enseñas de una manera firme pero sin perder los nervios.

2

Ofrecer opciones

Recuerdo un día que mi hijo Tucker, con 23 meses, se enfadó mucho porque el viento no le obedecía. Conocía lo que era el viento y normalmente le gustaba jugar con él, pero aquel día vi que se estaba dirigiendo a él, diciéndole: «Viento, ¡párate!», mientras intentaba detenerlo con las manos. El viento, obviamente, no le obedecía, lo cual no le hacía ninguna gracia. En ese momento, descubrió que el viento no es más que una de las tantas cosas que quería controlar pero no podía.

Los niños siempre quieren tener autoridad sobre el mundo. Para ayudarles a que sientan que tienen cierto control sobre sus vidas, déjales que elijan siempre que sea posible. Frente al frigorífico, puedes preguntarle: «¿quieres queso o zanahorias?». En el parque: «¿quieres ir primero al tobogán o a los columpios?». Al vestirse: «¿quieres ponerte la camisa roja o la azul…?». Incluso en la frutería puedes darle la oportunidad de elegir si le preguntas: «¿nos llevamos esta sandía o te parece que aquella tiene mejor aspecto?».

Pero debes tener cuidado de no darle a elegir si la elección no es suya. No le digas: «¿estás listo para el baño?» si estás pensando en meterle de todas formas en la bañera, diga lo que diga. Si dice que no y no le haces caso, se sentirá mucho peor que si le hubieras dicho: «¡a la bañera!». No le preguntes si no vas a hacer caso de lo que te responda. Hacerle una pregunta a tu hijo e ignorar su respuesta sólo conseguirá recalcar que no tiene ningún poder en esa situación.

3

Sustituir un
comportamiento por otro

Cada vez que quieras que un niño no haga algo, ofrécele hacer otra cosa a cambio. Una vez que se haya acostumbrado a esta dinámica, recalca lo que DEBE HACER. A los niños les encanta que les enseñen cosas nuevas. Por ejemplo, anímale a que haga las cosas como mamá y papá. Este proceso de aprendizaje resulta mucho más rápido y agradable que decirle sólo «¡no!».

Si tu hijo es un pequeño artista circense y está saltando una y otra vez desde el sofá, dile: «No deberías saltar desde ahí porque te puedes hacer daño. Mejor, salta desde este taburete». Dilo como la cosa más normal del mundo y, mientras hablas, demuéstrale lo divertido que resulta. Si a tu hijo le gustan los libros y un día empieza a romperlos, si le dices: «¡Los libros no se rompen!», le obligarás a dejar de hacer algo que le resulta muy entretenido. Pero si le dices: «No debes romper los libros, porque si no, ya no podrás leerlos. Pasa las páginas con cuidado, así» le estarás dando la oportunidad de hacer una nueva actividad por la que le puedes alabar en lugar de reprimirle. Puedes decirle: «Tienes que acariciar al perrito con delicadeza», en lugar de «¡No! ¡No tires al perro del rabo!» O también: «Es mejor que no tires al perro del rabo porque le haces daño, pero puedes acariciarle el lomo, que lo tiene muy suave. ¿A qué es muy agradable?».

Procura no utilizar la palabra «NO» porque los niños más pequeños puede que no la comprendan y se centren en el resto de la frase. Si le dices: «No te pongas de pie en la silla» quizás escuche una palabra que no entiende, seguida de «te pongas de pie en la silla». En vez de eso, utiliza un imperativo, como «siéntate». Los imperativos deben ser cortos, rápidos y muy claros. Luego le puedes explicar la razón de lo que le has pedido.

Penelope Leach escribe: «...para los niños resulta mucho más fácil entender y recordar las instrucciones positivas que las negativas, lo que deben hacer de lo que no, y prefieren la acción a la falta de ella. Intenta decirle *así*, en lugar de *así no*, y *sí* y *hazlo* al menos con tanta frecuencia como le dices *no* o *deja de hacer eso*».

4

Jugar con otros niños

El juego con otros niños es muy divertido para tu hijo y muy importante para el desarrollo de sus habilidades sociales.

Los niños más pequeños no suelen interactuar mucho unos con otros y, normalmente, no parecen darse cuenta de que hay otros niños jugando a su lado (lo que se denomina jugar en paralelo). Aunque tu deseo sea que tu hijo juegue con otros niños y haga amigos, te aconsejamos que disfrutes de esta primera fase, porque lo más probable es que se complique pronto. Siéntate con las demás madres y disfruta de la paz mientras dure.

Una vez que los niños empiezan a relacionarse con otros, lo más probable es que las peleas y riñas sean más frecuentes que los comportamientos amistosos. Hasta que tu hijo tenga cierta práctica en estar con sus iguales, no sabrá que sus requisitos para relacionarse con los niños no son los mismos que los de sus padres. Él confía en que le adivinas el pensamiento, resuelves sus problemas, le animas a que se divierta con cualquier juguete que le guste, y en que puede sentarse encima de ti si le apetece. Es la única relación que ha conocido hasta ahora y no tiene ningún motivo o pista para suponer que con los niños deba comportarse de forma diferente.

En este momento, tienes la divertida tarea de enseñarle algunos grandes conceptos como compartir, comportarse de forma no agresiva y respetar a los demás. No esperes que estas grandes ideas surjan de forma natural, ni que puedas enseñárselas fácil ni rápidamente. La buena noticia es que alrededor de los tres años, tu tarea habrá terminado, pues a esta edad la mayoría de los niños controla de forma adecuada sus habilidades sociales. Entonces es cuando comienzan a preocuparse de sus amigos cuando lloran o se quejan y de gustar a los demás, lo cual les motivará mucho más que tus reprimendas para que compartan sus juegos con ellos.

Si tu hijo comienza a demostrar interés por sus compañeros de juegos, su influencia en él puede ser estupenda. Un niño siempre prefiere imitar a otros niños antes que a ti. Lo que es evidentemente una desventaja en muchas ocasiones, te puede servir de ayuda en muchas otras, por ejemplo: si estás intentando enseñarle a usar el orinal, invita a un niño que ya no use pañales para que demuestre sus nuevas habilidades; si quieres que tu hijo muestre más interés por las espinacas, invita a comer a alguien a quien le encanten... Por supuesto, habrá ocasiones en las que tu hijo adopte hábitos de sus compañeros de juegos que desearías que no hubiera visto nunca, pero debes intentar aceptar lo bueno y lo malo, y tener en cuenta que estos comportamientos habrían salido a la superficie tarde o temprano.

En *Parenting your Toddler*, Patricia Henderson Shimm y Kate Ballen ofrecen estas estupendas sugerencias para alegrar los juegos diarios de tu hijo:

1. La tienda de campaña. Pon un mantel largo encima de la mesa. Coloca mantas, linternas y algunos libros dentro de la tienda.

2. El caballete de dibujo. Pega una hoja de papel al frigorífico con cinta adhesiva y pon papel de periódico en el suelo.

3. Las cajas grandes. Para dibujar, guardar juguetes o, simplemente, arrastrarlas.

4. Puzzles.

5. Un rincón doméstico. Ropa para disfrazarse, muñecos, coches, teléfonos, escobas y sartenes.

6. La mesa de dibujo. Mesa y sillas con ceras, tinta lavable para dibujar con las manos y pegatinas para decorar bolsas y tazas.

7. El radiocasete. Música para cantar y bailar.

5

Enseñar a compartir, pero sin esperarlo

¿Por qué las mamás nos empeñamos en convencer a nuestros queridos hijos de que compartan? Puesto que la mayoría consideramos en nuestro interior que nuestros niños son una extensión de nosotros mismos, nos horroriza que no traten a otros niños con la buena educación que los adultos esperamos. Pero compartir es algo muy abstracto para un niño pequeño y costará varios meses de aprendizaje antes de que puedas ver algún indicio.

Sé previsor y ten juguetes por duplicado para los compañeros de tu hijo. Entonces, si se enzarzan en una riña por un juguete, atrae la atención de los niños a los nuevos y maravillosos juguetes que tienes preparados, explicándoles que ahora tienen uno para cada uno. Compra un par de botes para hacer pompas de jabón, pelotas de ping-pong o unas cometas baratas. Incluso pueden servir algunos juguetitos baratos de supermercado, como unas trompetitas o unos animalitos de plástico. Asegúrate de que son idénticos y apropiados para su edad. Si los niños no tienen una fuerte personalidad, quizás no haya ningún problema con que compartan sus juguetes y puedas guardar tu alijo para el próximo día.

En casa tenemos una caja que saco cada vez que viene algún amiguito de mi hijo. Hay dos raquetas de tenis infantiles, con pelotas ligeras y suaves, dos camiones idénticos, legos, bloques de construcción, muñecos, dinosaurios iguales, ceras y papel, pintura para dibujar con las manos, tizas y otros juguetes que invitan a compartir y jugar juntos. Incluso si te pilla desprevenido, podrías sacar dos cajas de frutos secos o echar gusanitos en dos cuencos iguales.

Por supuesto, darles juguetes por duplicado no es exactamente lo mismo que compartir, pero a medida que tu pequeño vaya compartiendo sus juegos con otros, empieza a enseñarle a hacer turnos. Utiliza un cronómetro para asegurarte de que eres justo cuando le pidas a uno de los niños que preste su juguete al otro y espere su turno. Si tu hijo tiene juguetes nuevos o que sean muy especiales para él, le resultará más difícil compartirlos; guárdalos antes de que venga su amigo.

John Rosemond dice:

> Me sonrío cuando veo a un adulto obligar a su hijo de dos años a compartir. Es tan absurdo como esperar que un niño de tres conozca el significado de que algo esté bien o mal, o que un niño de cuatro recite un poema de cuarenta estrofas. Los pequeños son territoriales. El espacio que tienen delante y todo lo que está allí lo consideran suyo. Las intrusiones en su territorio amenazan su concepto de sí mismo y, por lo tanto, le angustian. El niño pasivo llora y el agresivo pelea.
>
> Compartir es una de esas cosas civilizadas, como masticar chicle con la boca cerrada, que los padres se apresuran a enseñar a

sus hijos; por desgracia, los niños no tienen esa misma prisa. Los padres y maestros deben enseñar a compartir con la misma paciencia y comprensión que emplean al enseñar a leer o montar en bicicleta; aprender a compartir depende mucho de si están *preparados* para ello.

Y Shimm y Ballen dicen:

> No esperes que tu hijo entregue sus juguetes con una sonrisa sólo porque le has dicho que comparta. Algunas veces se mostrará como el más dadivoso del grupo, pero normalmente, ni siquiera considerará la idea. Durante los primeros años, en lugar de repetirle: «comparte, comparte, comparte», es más efectivo prestar atención a los sentimientos del niño mientras le vas animando a que tenga un poco de generosidad. Por ejemplo, si Annie no comparte su pelota con Sam, prueba a decirle: «Veo que te gusta jugar sola a la pelota, cuando acabes, ¿por qué no se la dejas a Sam? Mientras, Sam, aquí tienes unas tizas para dibujar». Puedes variar este modelo para que se adapte a tu estilo, pero la idea es que las acciones de tu pequeño se conviertan en sentimientos.

6

Escoger las batallas

Yo, personalmente, no me inmuto por que los niños griten de alegría, se metan el dedo en la nariz, salten de los muebles o vayan comiendo por toda la casa. Para mí, eso es dejar que un niño se comporte como un niño, pero lo que no soporto son las llantinas. Lo que hago es que concentro mis esfuerzos en las cosas que no aguanto. Estas cosas pueden ser distintas en tu caso pero lo que no puedes pretender, y ni siquiera deberías intentar, es corregir todo lo que pudiera considerarse un mal comportamiento en un niño. Si siempre le estás intentando reformar, desarrollará una baja autoestima y le resultará muy duro mejorar en cualquier aspecto.

Hace poco, se me levantó una jaqueca después de escuchar durante una hora los lloros lastimeros del niño de la casa en la que estaba jugando mi hijo. (Mi único consuelo es que su madre probablemente se tomara varios analgésicos después de ver a mi hijo haciendo de Tarzán desde la mesa). Tú sabes perfectamente qué es lo que te desespera de tu hijo y cómo debes convivir con él, elige aquellos comportamientos del niño que necesitas corregir para vivir en paz.

Penélope Leach escribe:

> Si no estás preparado para llevar a cabo lo que sea necesario para que se cumplan las limitaciones impuestas a tu hijo, es mejor no ponerlas. Los padres se quejan a menudo de que no pueden poner límites, cuando lo que realmente quieren decir es que es demasiado esfuerzo para ellos. Cada semana, los niños ven millones de horas «extra» de televisión y sus padres quieren limitarles a un programa u hora en particular, pero no quieren enfrentarse a la que le organizarían si desenchufan el aparato. Si no estás seguro de que merezca la pena poner una limitación, no lo hagas, incluso aunque todos te digan que deberías hacerlo. Es mucho mejor para el comportamiento de tu hijo (y para tu humor) que le dejes ver dos horas de televisión a que le dejes una y vea otra más, teniéndolo prohibido.
>
> Algunos niños tienen fases en las que parece que su intención es ir más allá de lo establecido y realmente ponen a prueba a los padres. Si mantener a tu hijo a raya te desborda, es mejor que le impongas menos limitaciones. Cada una debe afectar a un comportamiento que te exaspere de verdad, lo cual te motivará para emplearte a fondo para que las respete, e *ignora todo lo demás*.

7

No enseñar de más

Tu hijo pequeño no necesita lecciones. Si los dos disfrutáis con ellas, adelante, pero no te sientas culpable si no las tenéis, y no presumas de ello en caso contrario. Los estudios demuestran que tener clases antes de los tres años no hace que los niños sean mejores en cosas que aprenderán fácilmente de todas formas cuando sean más mayores. Si empiezas una clase no por pasarlo bien, sino porque crees que es muy instructivo, puede que tu hijo se aburra y se resienta.

Shimm y Ballen advierten:

> Invocando el amor, los padres adoptan a veces el papel de maestros para dar a sus hijos cierta ventaja. Si crees que tu hijo debe «aprender, aprender y aprender» estarás presionándole. ¿Sueles leerle a tu hijo un cuento antes de acostarse dándole una lección sobre el abecedario? ¿No dejas jugar a tu hijo en el parque sin que antes haya escrito su nombre con tiza en el suelo?

> Empujar a un niño a que aprenda antes de que esté preparado o interesado en ello, no le hará sentirse mejor sobre sí mismo o avanzar en su proceso de aprendizaje. Los niños están tan compenetrados con sus padres que pueden aprender cualquier cosa, pero un crío pequeño que sepa contar hasta 40, ¿entiende el concepto de los números? Jugar es la actividad que mejor prepara a los niños para aprender a leer, a escribir y la aritmética.

Las clases son un método muy agradable para que tu hijo y tú hagáis amistad con otras madres y niños. Pero comprueba que el programa al que asistes es divertido y no planifiques muchas clases seguidas.

8

No asumir que *decir* palabras es lo mismo que *entenderlas*

La capacidad de habla de los niños a menudo se desarrolla a trompicones, sorprendiendo a los padres por la velocidad a la que parecen aprender ciertas cosas. Algunos niños interiorizan conceptos durante algún tiempo antes de empezar a hablar de ellos, pero a otros les encanta parlotear, asimilando algunas palabras con facilidad y quizás hasta usándolas de forma apropiada, sin conocer necesariamente qué quieren decir. En el libro *Toddlers and Preschoolers*, Lawrence Kutner explica el problema con el ejemplo de un padre que advierte a su hijo de que no tire del rabo a un gato:

> Tu hijo de dos años te mira, aparentemente comprendiendo cada palabra que le dices. Incluso, repite tus instrucciones palabra por palabra: «No tires al gato del rabo». Dos minutos más tarde, oyes un maullido, seguido de los gritos de tu hijo. Con un poco de suerte, tanto tú como tu hijo habréis aprendido algo. Él sabrá que jugar con un gato puede acarrear ciertas consecuencias si éste no quiere y recordará esta lección durante mucho tiempo.
>
> Lo que es más importante, tú habrás aprendido algo de cómo trabaja el cerebro de tu hijo. Es fácil interpretar el comportamiento de un niño como un acto de rebeldía, especialmente si estás cansado. (¡Después de todo, le acababas de decir que no molestara al gato! ¡Incluso había repetido tus instrucciones!). Pero eso ocurre pocas veces. En realidad este ejemplo ilustra cómo las habilidades sociales y verbales de tu hijo superan a las

cognitivas, lo cual es parte de su desarrollo normal, y cómo tú has asumido cosas sobre sus habilidades que no son ciertas.

La madre de mi marido me contó que cuando era pequeño y le reñía, diciéndole que se comportara, él le respondía indignado: ¡pero si no estoy con Pórtate! No tenía ni idea de lo que se le pedía, pues la orden ¡compórtate! no le decía nada.

Así es que antes de enfadarte y castigar a tu hijo por un comportamiento desafiante, piensa por un momento si realmente ha entendido lo que le decías. (Acuérdate de lo complicada que puede ser la palabra «no»). Y recuerda que incluso si tu hijo comprende lo que le pides, habrá veces en las que sus ganas de hacer algo serán más fuertes que su deseo de agradarte. Cuanto más comprensivo y paciente seas con él, mientras vas corrigiendo su comportamiento, mayor será ese deseo de agradarte.

9

Diferenciar entre la *mentira* y los pensamientos *mágicos*

Aunque a menudo les acusamos de hacerlo, los niños pequeños en realidad no mienten. Castigar a un niño de dos años por decir algo que no es verdad es inútil porque su objetivo no era engañar, sino sólo intentar que sea verdad algo que no lo es.

Ya hemos hablado del inmenso egocentrismo que tienen los niños de corta edad. Un niño pequeño cree realmente que es el centro del universo y la causa de todo lo que ocurre a su alrededor. Se cree capaz de muchas cosas que en realidad no puede hacer y piensa que las cosas se harán realidad con sólo expresarlas en voz alta.

Papá le dice: «Tu triciclo está en el garaje», y cuando el papá y el niño van al garaje, por arte de magia, el triciclo está allí. Según la lógica de un niño pequeño, su papá ha hecho que fuera así con sólo decirlo.

El niño piensa para sí: «Yo también puedo decir cosas». Así es que, la próxima vez que quiera algo, lo dirá y ya está.

Si te enfadas con él y le preguntas: «¿Has mordido a tu hermana?» sabrá por tu voz que no debería haberlo hecho. Entonces, como deseará no haber mordido a su hermana, te responderá que no, porque piensa que al decirlo puede hacer que sea verdad. Al darse cuenta de que no te gusta que muerda a nadie, creerá que prefieres un «no» a un «sí», sin comprender que los adultos valoramos que nos digan la verdad sobre todo lo demás. En su mente, la frase suena: «¿Morderías a tu hermana?» y al decir «no», sólo está respondiendo lo que debería ser. Lawrence Kutner comenta:

> ...mientras escribo este párrafo, a las 8 de la tarde de un domingo, estoy oyendo a mi hijo de tres años hablando con su madre. Él está diciendo con voz muy seria y autoritaria que la biblioteca infantil, uno de sus sitios favoritos, está abierta todavía y que deberían ir.
>
> Discutir este punto con él («Estoy segura de que la biblioteca no está abierta tan tarde en un fin de semana») sería inútil. Desde su perspectiva, desea que sea *verdad*, así que debe serlo. Afortunadamente, como muchos chicos de su edad, se le puede distraer con facilidad. Después de hablar un rato sobre ir a la biblioteca, mi mujer le preguntó si quería hacerle la cena en la cocina de juguete que habíamos fabricado con una caja de cartón. Se lo pensó por un segundo y se ofreció a freír un pescado de plástico, olvidándose enseguida de la biblioteca. Si, en lugar de intentar distraerle, mi mujer se hubiera puesto a razonar con él, lo más probable es que uno de ellos hubiera acabado enfadándose.

A menudo, lo que parece una oposición no es más que un pensamiento mágico. Le dices a tu hijo que es hora de irse a la cama y él insiste en que no lo es. Para ti, tu autoridad está en tela de juicio, cuando su objetivo sólo es seguir jugando; su oposición no es nada personal. En este momento, él no entiende por qué el que un padre diga que «es hora de irse a la cama» hace que sea hora de irse a la cama, mientras que si él dice que no lo es, no tiene el mismo efecto.

Por supuesto, a medida que va creciendo, habrá veces que tu hijo mienta a propósito para evitar un castigo. No te enfades, pero hazle saber que debe decir la verdad. Al igual que con otras normas sociales que debe aprender, ésta puede llevarle algún tiempo. Si quieres que adquiera el hábito de asumir las consecuencias de sus actos, asegúrate de que te vea hacer lo mismo. Penelope Leach explica:

> Los niños pequeños viven en un mundo que les resulta difícil controlar, donde a menudo se les acusa de provocar daños. Negar que ha hecho algo que está mal es la mentira más habitual y la que le suele causar más problemas. Tu hijo rompe la muñeca de su hermana sin querer y cuando se le pregunta, lo niega. Probablemente, estás más enfadado por la mentira que por lo que ha roto.

> Si crees que tu hijo debe comprender que ha hecho algo que está mal, facilitarás las cosas si dices: «Esta muñeca está rota. Me pregunto qué habrá pasado». Ante estas palabras es fácil que él conteste: «He sido yo. Lo siento». Pero si tu hijo admite su culpabilidad, no te enfades ni le castigues. No puedes conseguir las dos cosas: si quieres que te confiese que ha hecho algo que está mal, no te puedes enfadar con él. Si te enfadas, sería absurdo que te lo dijera la siguiente vez, ¿verdad?

10

Ayudar a tu hijo a sentirse seguro de día y de noche

Quizás siempre has dormido con alguien. A lo mejor has dado el pecho y dormido con tu hijo desde que nació, pero la mayoría de los padres no duermen con sus hijos por una creencia cultural de querer que el niño sea *independiente,* y por una concepción equivocada de que forzarle a que duerma solo contribuirá a conseguirlo.

La verdad es que la mejor forma de fomentar la independencia de tu hijo es hacer que se sienta seguro en sus primeros años. Y para muchos niños, esto implica dormir con sus padres.

Aunque no todas las familias son partidarias, es una opción válida; se deben ir eliminando los tabúes sobre este tema y deberías pensar en ello si tu hijo tiene problemas para dormir.

Si no quieres dormir con tu hijo, podría dormir con un hermano mayor. El Dr. William Sears escribe en *Nightime Parenting, How to Get Your Baby and Child to Sleep*: «Los estudios demuestran que los niños menores de tres años duermen mejor si comparten su cuarto que si tienen una habitación propia. Los padres dicen que los hermanos que duermen juntos se pelean menos».

El Dr. Sears también señala lo beneficioso que resulta dormir juntos para la relación padre-hijo:

> Dormir con tu hijo beneficia definitivamente su autoestima y educación. Acoger a tu hijo en tu dormitorio (que no es lo mismo que «permitírselo») envía el siguiente mensaje: «Eres una persona especial; te cuidamos tanto por el día como por la noche». También eres padre por la noche, por tanto, es parte de la educación de tu hijo.
>
> Una de las señas de identidad de un niño disciplinado es el sentimiento de bienestar. Un niño que se siente bien es más probable que se comporte bien.
>
> Dormir con tu hijo añade otra dimensión al tiempo que pasas durmiendo. Este acuerdo permite que estas horas no se desperdicien. El concepto de la cama familiar permite que el mensaje «te cuido» llegue a tu hijo y transmites este mensaje sin decir una sola palabra.

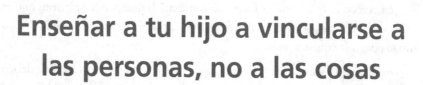

11

Enseñar a tu hijo a vincularse a las personas, no a las cosas

Si has practicado el estilo *attachment parenting* *, es bastante probable que hayas formado un vínculo fuerte y hermoso con tu hijo. Los niños que crecen en este ambiente tienen más posibilidades de sentirse seguros, y de ser amables y educados porque la relación con la gente a la que aman es la piedra angular de su existencia. E incluso, si no diste de mamar a tu bebé, no lo tomabas en brazos con frecuencia, ni has compartido las horas de sueño con él, nunca es tarde para adaptar algunos de estos principios, como acogerle en tu cama. El Dr. Sears escribe:

> ¿Dormir con su bebé le va a ayudar a ser un niño más listo y feliz? Hay muchas variables que influyen en el crecimiento y desarrollo de los niños. Sin embargo, los psicólogos coinciden en que la cantidad y la calidad de la maternidad no afecta al desarrollo emocional e intelectual del niño. Extender la práctica del *attachment parenting* a la noche tiene efectos a largo plazo en el niño.
>
> Uno de estos efectos es la intimidad. Muchos psicólogos y asesores matrimoniales explican que uno de los problemas más habituales de los adolescentes y adultos en la actualidad es que tienen dificultades para entablar relaciones verdaderamente íntimas y cercanas con otra persona. Los ositos y los biberones han ayudado a que criemos una generación de personas vinculadas principalmente a cosas materiales. Compartir el sueño enseña al niño a

---

* *Attachment parenting* (www.attachmentparenting.org) es una filosofía basada en la prática de métodos de paternidad que crean fuertes vínculos emocionales entre el niño y sus padres. Este estilo de paternidad fomenta la sensibilidad para detectar las necesidades emocionales del niño e intenta conseguir que el niño confíe en que dichas necesidades serán atendidas. Como resultado, el niño es más tranquilo y seguro y tiene mayor capacidad para desarrollar relaciones personales duraderas. *(N. de la T.)*.

sentirse cómodo con el contacto cercano de alguien; no sustituye las personas por cosas. Esta necesidad infantil sin cubrir nunca desaparecerá del todo, sino que reaparecerá posteriormente. Los psicólogos explican que muchos de los miedos y las alteraciones del sueño de los adultos tienen su origen en trastornos del sueño no corregidos durante la infancia.

12

No tener miedo de dormir con tu hijo

Quizás conozcas el informe de la *Consumer Product Safety Comission* (CPSC) de 1999 que recomienda que los padres no deben permitir que sus hijos menores de dos años duerman con ellos. El estudio, llevado a cabo durante ocho años, concluyó que de 515 muertes de bebes ocurridas en camas de adultos, 121 de ellas estuvieron causadas porque un progenitor, cuidador o hermano lo aplastó. Más de tres cuartas partes de los niños fallecidos tenían menos de tres meses. Las otras 394 muertes fueron por asfixia al quedar apresada la cabeza del bebé entre el colchón y la pared, dormir boca abajo en un colchón de agua o por estrangulamiento al caerse entre los barrotes de la cama.

Aunque sean unos datos espeluznantes, estaban fuera de contexto. Los partidarios de que los niños duerman con sus padres resaltan la importancia de que éstos estén completamente sobrios cuando duerman con sus hijos y también que comprueben que la cama no presente peligros potenciales (como las camas de agua, barrotes inseguros, colchones demasiado blandos, etc.). Este informe no tiene en cuenta las condiciones en que se encontraban los padres ni las características de la cama. Lo más peligroso de la recomendación final es que los padres que la sigan piensen que es más seguro obligar a sus hijos a dormir solos en una cuna, cuando en realidad no es así. En 1977, sólo en EE.UU., 2.705 bebés fallecieron del síndrome de la muerte súbita del lactante. Estas cifras corresponden sólo a un año y son bastantes más de los 515 bebes fallecidos en ocho años por dormir con alguien. Las estadísticas demuestran que la inmensa mayoría de las muertes súbitas ocurren cuando los bebés duermen solos en su cuna. (Los abundantes estudios de James J. McKenna, antropólogo biólogo de la Universidad de Notre Dame, han demostrado que dormir cerca de un bebé reduce espectacularmente esta cifra).

En un artículo aparecido en la revista *The New Yorker* acerca de la recomendación de la CPSC, John Seabrook escribió:

> El informe de la comisión es realmente peligroso porque los americanos se creen cualquier consejo sobre cómo ser padres si proviene de una institución y el tema de dormir con los hijos es uno de los más complejos a los que se enfrenta un padre. En un estudio realizado en 1995 en la zona de Boston por Sarah Harkness, Charles Super y Constance Keefer se descubrió que los padres realizan más consultas sobre cómo dormir a sus hijos que sobre cualquier otro tema de salud o comportamiento.

13

Encontrar el mejor método para que duerma toda la familia

¿Crees que los hábitos de sueño de tu hijo pequeño son problemáticos? ¿Le obligas a dormir solo porque piensas que es lo mejor para él, cuando en el fondo de tu corazón sabes que toda la familia dormiría mucho mejor si él estuviera en tu cama? ¿A qué esperas, a que te dé permiso el Dr. Ferber? Si es así, sigue leyendo.

No creas todo lo que oyes. Esto se puede aplicar a la alimentación de los niños pequeños, a cómo enseñarles a ir al baño y también a dormir. Nos hemos obsesionado con el famoso método para dormir del bestseller del Dr. Richard Ferber, *Solve Your Child´s Sleep Problems*, pero al propio doctor le preocupa que sus lectores se hayan tomado sus sugerencias al pie de la letra. En una entrevista para *The New Yorker*, comentó a John Seabrook que no le gustaba la palabra «ferberizar», utilizada por los padres para referirse a su método para que los niños duerman solos. Según el Dr. Ferber:

> Es como una dieta... Parece que mi trabajo se limita a ese gráfico, cuando el objetivo de las investigaciones en el centro es conseguir una solución adecuada para el problema que tenga cada niño para dormir. Cuando estudiamos un caso, tenemos muchos factores en cuenta, como la edad, dónde duerme, los padres, si sus dormitorios están cerca. Hay situaciones donde el gráfico funciona, pero no con todo el mundo. Cuando recibo una carta que dice: «He utilizado su técnica durante seis semanas y mi hijo sigue llorando toda la noche» pienso que es horrible y cruel.

El Dr. Ferber es el gurú más citado por los padres que creen que dormir con sus hijos afectará negativamente a su bienestar. En *Solve Your Child´s Sleep Problems*, escribe: «Aunque meter a tu hijo en tu cama una o dos noches puede ser razonable si está enfermo o muy afectado por algo, en líneas generales no es una buena idea. Dormir solo es una parte importante de su aprendizaje para poder separarse de ti sin ansiedad, como un individuo independiente».

Pero cuando John Seabrook le cuestionó sus argumentos, el Dr. Ferber respondió:

> Desearía no haber escrito aquellas frases... Provienen de cierta literatura médica ya existente. Es un argumento genérico que no es cierto. Existen muchos ejemplos de niños que duermen con sus padres con buenos resultados. Creo que los niños pueden dormir con y sin sus padres. Lo que es realmente importante es que los padres sepan qué quieren hacer en este sentido.

Así que si lo que necesitabas era el permiso del Dr. Ferber para sentirte a gusto durmiendo con tu hijo, ya lo tienes. Ten en cuenta también que todos los estudios a favor de dormir juntos ponen de relieve que beneficia al niño de múltiples formas. Por otra parte, como señala John Seabrook:

> Ninguna persona con autoridad reconocida en este tema y contraria a que padres e hijos duerman juntos ofrece ninguna razón de peso para que los niños duerman solos, excepto que conviene a sus padres. La mayoría dice con la boca chica que es importante que los bebés duerman solos para que desarrollen un sentido de «independencia». Pero la independencia es un concepto muy abstracto: ¿quiere decir autonomía, confianza en sí mismo o reclusión? Y como explican sus partidarios, dormir solo puede significar, simplemente, que se cambie la dependencia de los padres por los objetos de la cuna: chupetes, mantas, ositos, muñecos...

Si no dormías con tu hijo en sus primeros meses, quizás ya duerma felizmente durante toda la noche. Pero si le sigue dando miedo la oscuridad o su propia imaginación, si se despierta aterrorizado o si no se muestra seguro y confiado, compartir el sueño con él puede ayudarle.

Quizás quieras preguntarle si desea dormir contigo algunas noches. A lo mejor sólo acepta tu oferta cuando realmente lo necesite, pero no se lo digas a menos de que estés seguro de que quieras hacerlo. A algunos padres les encanta dormir con sus hijos. Nosotros hemos dormido con Tucker durante sus dos años y medio y, aunque nos alegraremos por él cuando decida irse a su cama, disfrutamos mucho de este periodo.

En el artículo de *The New Yorker*, John Seabrook comenta con pena el día que su hijo decida irse a su propia cama:

> ...echaré de menos la cara de mi hijo al levantarse. Primero viene ese momento entre el sueño y el despertar, cuando las visiones nocturnas se van desvaneciendo de sus ojos (¿sabrá que ha estado soñando?) pero aún no está realmente despierto. Y entonces aparece una sonrisa, una inmensa y radiante mueca provocada simplemente por el nuevo día. Es admirable ver a una persona que se despierta con una sonrisa cada día, incluso si es muy temprano. Trato de imaginarme cómo lo hará.

14

Sentirte orgullosa de dar el pecho a tu hijo

Si aún estás amamantando a tu hijo, quizás te sientas presionada para dejar de hacerlo. En nuestra sociedad, una madre que da el pecho a su hijo después de cumplir el primer año es una excepción, pero esta actitud no la comparte la mayoría de la población mundial, ni beneficia a nuestros vástagos.

Aunque existen muchas culturas en las que las mujeres amamantan a sus hijos durante cinco, seis o más años, la media mundial es de tres a cuatro años. Entonces ¿por qué las mujeres occidentales se precipitan a quitar a sus hijos la fuente más natural de alimentación física y emocional? La *American Academy of Pediatrics* recomienda que se dé el pecho durante un año o *más*, pero por algún motivo, muchas madres han interpretado este mensaje erróneamente como que deben dejarlo cuando su hijo cumpla un año.

En un artículo de *The New York Times*, el Dr. Lawrence M. Gartner, profesor emérito de la Universidad de Chicago y director de la división para la cría con pecho de la *American Academy of Pediatrics*, dice:

> No hay ninguna contraindicación para extender el tiempo en que se da el pecho ni ninguna prueba de que cause daños psicológicos... La impresión que tenemos algunos después de ver a un gran número de niños que siguen mamando durante dos o tres años es que de lo único que se les puede culpar es de que tienen mucha confianza en sí mismos y ningún problema en su convivencia con grupos numerosos ni con la gente.

Quizás las madres lo dejan tan pronto porque creen que les liberará de las limitaciones que les impone dar el pecho al restringirles el tiempo que pueden pasar lejos de sus hijos. Pero después del primer año, el procedimiento se relaja un poco, haciendo que sea mucho más fácil para la madre entrar y salir sin su hijo si su estilo de vida así lo requiere. En lugar de dejarlo radicalmente, una madre podría simplemente limitar el número de tomas hasta que encuentre el equilibrio que le permita la libertad que necesita mientras sigue ofreciendo a su hijo los beneficios de dar el pecho.

El artículo de *The New York Times* sigue describiendo una investigación dirigida por Niles Newton, psicólogo de la Universidad de Northwestern, que estudió a un grupo de niños amamantados durante tres años:

> «La hipótesis era que si amamantas a un niño durante más de un año, lo tendrás pegado a las faldas», explica Ruth Lawrence, profesora de pediatría y obstetricia de la Universidad de Rochester y autora de *Breastfeeding: A Guide for the Medical Profession*) (C.V. Mosby, 1999).
>
> Pero el Dr. Newton descubrió lo contrario. Los bebés amamantados se convirtieron en niños más seguros, avanzados física y mentalmente, que se comportaban con más facilidad en sus relaciones sociales que los que habían dejado de tomar el pecho antes.

Si te sientes atada por darle el pecho a tu hijo, procura que esta práctica tenga un final tranquilo y gradual, eliminando una toma cada vez. Pero si tanto tú como tu hijo disfrutáis del vínculo natural que supone la práctica de dar el pecho, no te dejes presionar por amigos, vecinos o familia. Algunas madres tienen la tendencia a querer que otras madres imiten sus propias prácticas. No causas mal a nadie por hacer lo que sabes que está bien. Sonríe y que todo el mundo vea que estás segura de la opción de maternidad que has elegido. Para obtener apoyo y consejo (sí, incluso para dejar de mamar), ponte en contacto con la Liga de La Leche[*].

---

[*] La Liga de la Leche es una organización internacional que ofrece información y apoyo a las madres que deseen amamantar a sus hijos. Más información en www.prairienet.org/llli/webespaña.html. *(N. de T.)*

15

Utilizar los tiempos muertos para enseñar

Puedes utilizar tiempos muertos, como en baloncesto, para educar a tus hijos, pero no cometas el error en que suelen incurrir los padres de utilizarlos como castigo. Su objetivo es alejar al niño de la fuente del problema, detener un mal comportamiento y dar una oportunidad a tu hijo para que recupere la calma y reanude la actividad con mejor disposición para comportarse de forma correcta. Un tiempo muerto efectivo le ayudará a aprender lo que se espera de él y a controlarse mejor.

No es una buena idea aplicarlo a niños de menos de dos años. Todavía no entienden la noción de causa y efecto, por lo que no relacionarán los tiempos muertos con el comportamiento que lo originó y no les servirá de método de aprendizaje. Cuando cumplen dos años quizás sea el momento de utilizarlos. Sólo debes recordar que su propósito es enseñar, no humillar ni penalizar a tu pequeño.

Si tu hijo se porta mal, llama su atención con calma. Por ejemplo, mírale a los ojos y dile: «No lances los zapatos por la habitación. Puedes hacer daño a alguien. Mejor tira esta pelota». Dilo como si esperaras que así la situación fuera a corregirse, pero si no es así y continúa tirando los zapatos, prueba con: «Si vuelves a tirar los zapatos, te los quitaré y habrá un tiempo muerto». A lo mejor el comportamiento cesa; si es así, recompénsale con una gran sonrisa. Dile algo como: «Gracias por escucharme. ¿Quieres ayudar a mamá a pelar las patatas?».

Pero si a pesar de tu advertencia, el zapato sigue por los aires, adelante. (No le des otro aviso ahora, si lo haces sabrá que no debe temer a tus amenazas). Sin dar voces, quita los zapatos del alcance de tu hijo. Tómale de la mano y llévalo al lugar que hayas establecido para el tiempo muerto. Cualquier silla en la que tu hijo no suela sentarse puede servir, pero es mejor si está algo apartada.

Siéntale en la silla y acércatelo, pero no lo sujetes, ni le entretengas, ni le hables. Pon un cronómetro un minuto por cada año que tenga el niño (dos minutos para dos años, tres minutos para tres, etc.). Si se levanta, vuelve a poner el cronómetro a cero. No necesitas hacer ningún mal gesto. No debes inmutarte, para que sienta que hay una ley universal que dicta que un mal comportamiento viene seguido de un tiempo muerto. Puedes darle una breve explicación: «Sentarte en un tiempo muerto te recordará que la próxima vez no debes tirar los zapatos».

Cuando sea mayor, podrás dejarle solo en la silla, pero por ahora siéntate cerca, de lo contrario lo normal es que se levante. Además, si siente miedo y teme que le hayas abandonado, se enfadará mucho aunque haya aprendido algo.

16

Volver a conectar después de un tiempo muerto

Sentarse en una silla durante dos minutos puede que a ti no te parezca un castigo terrible, pero para tu hijo pequeño es como una tortura, especialmente si sabe que te has enfadado con él. Así que utiliza estos minutos para calmarte tú también. Cuando suene el cronómetro, olvídate de lo que ha pasado. Tu hijo ha aguantado ese tiempo de penalización, así que no sigas castigándole con tu distanciamiento. Si lo haces, probablemente se preocupará tanto de tu falta de afecto que se le olvidará la razón del tiempo muerto y perderá la oportunidad de aprender algo.

No pierdas el norte. La razón del tiempo muerto es mejorar su comportamiento la próxima vez. Así que dale un abrazo y ofrécele la mayor de tus sonrisas. Pregúntale: «¿Sabes por qué ha habido un tiempo muerto?» Probablemente podrá decirte por qué, pero no te enfades si no te responde bien. Responde tú y pregúntale: «¿Qué vas a hacer la próxima vez?» y de nuevo, responde por él si tiene problemas en contestar.

En este momento estará deseando volver a conectar contigo, por lo que lo más probable es que responda correctamente. Actúa como si no tuvieras ninguna duda de que ya no volverá a tirar los zapatos. Ten en cuenta que puede que necesites muchos tiempos muertos antes de que te obedezca a la primera.

17

Disponer de varias estrategias al usar los tiempos muertos

A menudo, la única manera de detener un comportamiento no deseado es con un tiempo muerto pero, con frecuencia, esto ocurre en lugares y situaciones que requieren una solución más creativa. Piensa con antelación qué vas a hacer si necesitas meter en cintura a tu hijo mientras estás de compras, jugando en el parque, en casa de un familiar, etc. Ten en cuenta que es probable que tu hijo se comporte mal de vez en cuando en estos lugares, por lo que debes evitar reaccionar de mala manera.

Por ejemplo, si tu hijo suele echar a correr en el supermercado, puedes establecer la norma de que correr en una tienda provocará un tiempo muerto en el coche. Sin gritar ni enfadarte, llévatelo al aparcamiento. Siéntale en la silla del coche y dile que está en un tiempo muerto. Lo más lógico es que no le guste estar sentado en el coche en medio de un aparcamiento y proteste enérgicamente. Cuando se acabe el tiempo muerto, habla con él para que sepa lo que ha hecho. Perdónale y ayúdale a que se sienta mejor antes de volver a la tienda.

Si se comporta mal en un centro comercial, quizás unos minutos en un banco o en los aseos le den la oportunidad de calmarse. Por supuesto, quédate siempre con él, pero no le prestes atención o se convertirán en un incentivo. La clave está en tener una estrategia preparada para diferentes situaciones en las que puedas encontrarte.

18

Ayudar a que tu hijo se separe de ti

Tan pronto está huyendo de ti, como que no se despega de tu falda: tu hijo es un puñado de contradicciones. También habrá momentos, días o incluso semanas durante los que NO SOPORTE estar separado de ti. Esto no quiere decir que no le hayas educado bien ni que le pase algo malo; es parte de su incipiente proceso de independencia. Quédate con él tanto tiempo como puedas, pero no le agobies ni te obsesiones con ello.

Si el que llore cuando se separe de ti, te hace llorar a ti también, se convencerá de que alejarse de ti es algo terrible. Aunque no soportes verle así, adopta un semblante feliz y dile adiós. No te sientas un padre frío y distante, que te vea alegre es la mejor forma de convencerle de que no tiene nada que temer.

Dile siempre cuándo vas a regresar. Un niño pequeño no sabe lo que quiere decir «las 4 de la tarde»; es mejor decirle: «Volveré después de la siesta e iremos al parque». Si le dejas con una canguro, asegúrate de que la conoce y se lo pasa bien con ella. Programa alguna actividad divertida que puedan hacer juntos en tu ausencia y coméntale con antelación lo bien que se lo van a pasar. Mi amiga Lisa grabó un vídeo de ella y su marido leyendo las historias favoritas de su hijo y hablando con él. La canguro lo ponía cada vez que el niño les echaba de menos.

Si tu hijo está pasando por esta etapa, intenta separarte de él lo menos posible. No puedes forzar a una persona a que sea independiente, por lo que no cometas el error de «enseñarle» a serlo dejándole solo. Únicamente aumentará su inseguridad y harás que la necesidad de estar con sus papás le dure mucho más tiempo.

19

Tomarte el tiempo que necesitas para ti

Pasar mucho tiempo con tu hijo es fundamental durante sus primeros años porque su desarrollo es un proceso muy rápido. Pero un padre infeliz no puede criar a un hijo feliz. Piensa qué necesitas para ser el mejor padre del mundo. Los niños pequeños pueden ser agotadores y sus padres necesitan tiempo para sí mismos para seguir sintiéndose felices y contentos. Este tiempo personal depende de cada padre.

No te tomes este consejo como una licencia para pasar poco tiempo con tu hijo, porque probablemente se convertiría en un niño desgraciado y tú no disfrutarías de la paternidad. Debes encontrar el equilibrio entre disponer de tiempo para ti mismo y mantener una relación estrecha con tu hijo.

20

Dejarle llorar

Debes saber y comprender que tu hijo llorará. Cualquier cosa que le haga sentirse triste, ansioso, enfadado, frustrado o indignado provocará su llanto. Aunque llore con frecuencia, esto no quiere decir que sea infeliz en el sentido más amplio de la palabra. Es normal que un niño pequeño llore varias veces al día porque aún no ha aprendido a controlar cómo expresar sus emociones. ¿No te sientes frustrado o decepcionado varias veces al día? Seguramente no se te ocurriría ponerte a llorar cada vez que las cosas no van bien; lo mismo le sucede a tu hijo, pero él aún no sabe controlarse como tú.

Sin embargo, las emociones que siente tu hijo son reales y pueden llegar a asustarle. No le ignores si está llorando, pero tampoco te sientas excesivamente compasivo. Si siempre le ofreces tu consuelo, aprenderá a controlar sus sentimientos antes que si le castigas por expresarlos (ignorarle es una forma de castigo) o si le consuelas con tanta dedicación que sienta que realmente le ha sucedido algo terrible.

Haz este ejercicio: Piensa por un instante en la última vez que lloraste de verdad, en soledad. Recuerda cómo te sentiste. Piensa ahora en la última vez que lloraste mientras alguien a quien amas te consolaba. ¿Cómo te sentiste? Existe una gran diferencia, ¿verdad? El llanto puede ser terapéutico, una forma de aliviar la tensión y el estrés; las lágrimas pueden hacer que te sientas mucho mejor SI lloras en presencia de alguien que te apoye y te quiera. Pero sin esa compañía, llorar puede aumentar la tensión y el estrés en una persona.

Si tu hijo está enfado contigo, quizás no quiera que le consueles, así que no lo fuerces. Hazle saber que estarás allí cuando te necesite. Pero tú eres la persona que mejor conoce a tu hijo y si llora más de lo normal para su edad o parece infeliz casi todo el tiempo, deberías buscar ayuda profesional.

21

Poner límites razonables

Una de las tareas de tu hijo es desafiarte; es su manera de establecer su independencia a la vez que descubre el significado de las limitaciones. Aunque no quieras anular su voluntad, debes establecer límites claros, sin dar pie a la confusión.

La velocidad a la que un niño aprende y aumenta su conciencia le motiva y hace que viva a toda máquina. Si le impones un obstáculo o una restricción, se SUPONE que va a reaccionar como si fueras muy injusto con él. No reacciona así porque esté consentido, es la manera de comportarse de un niño pequeño.

Cuando se haya enfrentado a la misma limitación en numerosas ocasiones, la aceptará. No esperes que con decirle una sola vez que los cajones de tu despacho no se tocan sea suficiente; a menos que le pongas un protector de seguridad, le verás curioseando muchas veces, aunque se lo hayas dejado bien claro. No es que sea malo, es que no puede resistir la tentación de traspasar los límites que le has impuesto. Shimm y Ballen dicen:

> Las limitaciones aportan cierto equilibrio al mundo de tu hijo. Sin ellas, se sentiría confuso y perdido sobre lo que puede y no puede hacer. Aunque te desespere ver que tu hijo se enfada contigo cada vez que le dices que no, le ayuda a saber dónde acaba su mundo y empieza el de sus padres.
>
> Algunos padres creen que sus hijos tendrán más seguridad en sí mismos si casi siempre le dan la libertad de tomar sus propias decisiones. Pero este bienintencionado planteamiento a veces se vuelve en su contra. Los padres que apenas dicen no a nada, que no soportan ver a sus hijos llorar o aquellos que les consienten absolutamente todo, harán que sus pequeños sientan que tienen un gran poder. Si los padres temen sufrir las iras de su hijo, será muy difícil que éste se sienta independiente. Puede que incluso llegue a tener problemas para decir que no si nunca ha oído a sus padres pronunciar esta palabra.

Debes intentar que tu hijo tome *algunas* decisiones y haga cosas como él quiera; ayudará a fortalecer su autoestima y a que le resulte más fácil obedecerte en otras cosas. Haz una lista de las normas que son importantes y haz que las siga SIEMPRE. Si vacilas, le resultará más difícil aprenderlas. Le llevará tiempo adoptarlas incluso si las aplicas de manera consistente, pero es fundamental que tanto mamá como papá (y todos aquellos que les cuidan con frecuencia) coincidan en la manera de educarle.

Esto puede parecer una aberración para aquellos padres que prefieren una educación más liberal, pero creo que no se pueden crear normas sobre la marcha. Es difícil hacer que se cumplan desde el primer momento, pero será más complicado para tu hijo si cambian constantemente. Reúnete con tu pareja y aquellos que suelen cuidar a tu hijo y escribe una serie de normas.

Si no dejas que coma fuera de la cocina, que salte desde los muebles, que tire los juguetes..., convierte estas normas en el código de conducta de tu casa. Es fácil vacilar a la hora de prohibir estas cosas, pero no resulta sencillo para tu hijo entender que puede comer galletas en cualquier lugar de la casa un martes y que le riñas por eso un jueves. Es más difícil que tener que seguir esta regla siempre.

Asegúrate de que todos los implicados conocen las normas. Tu hijo aprenderá a comportarse mejor mucho antes de lo que piensas con este método. Quizás debas revisar la lista cada cierto tiempo a medida que tu hijo crece y cambian sus actividades.

Penelope Leach escribe:

> Los niños necesitan adultos que tengan fuerza de voluntad para imponerles limitaciones dentro de las cuales se sientan seguros. Los límites no son algo que sólo los mayores imponen a los niños. Todos debemos atender a unas limitaciones que separan nuestro espacio del de los demás (de una forma literal y figurada). Los niños necesitan límites adicionales, definidos por sus padres y tutores para que se sientan seguros mientras aprenden a cuidar de sí mismos; para controlarles mientras desarrollan su autocontrol y para hacer que no invadan su espacio ni el de los demás mientras aprenden a socializar y a «comportarse con los demás como te gustaría que ellos se comportaran contigo».

22

Ser el modelo a seguir

Nadie es perfecto, aunque nos gustaría que nuestros hijos lo fueran. ¡Utiliza esta oportunidad para ser mejor persona! Quizás nunca más vuelvas a tener una motivación tan fuerte. Tu hijo copiará todo lo que hagas. Eres la base sobre la que se crea su personalidad. Si gritas, gritará; si dejas tus cosas por toda la casa, no aprenderá a recoger las suyas, por mucho que se lo repitas; si comes galletas, no se lo prohíbas. En mi caso, dejé de comer dulces cuando me di cuenta de que Tucker empezaba a mostrarse demasiado entusiasmado por las tiendas de chucherías. Cuando dejé de tomarlas, perdió (parte de) su interés y ahora nuestra dieta es mucho más sana.

En *The Discipline Book*, el Dr. Sears nos recuerda que: «La mente de un niño es como una esponja que absorbe experiencias de la vida; es como una cámara de vídeo: captura todo lo que oye y ve, almacenando esas imágenes en el disco duro de su cabeza para recuperarlas posteriormente. Estas imágenes almacenadas, especialmente de las acciones repetidas con frecuencia por las personas más importantes para él, van conformando su personalidad. Así que uno de tus deberes como padre es proporcionar los datos adecuados para que tu hijo los procese». Penelope Leach escribe: «...tu hijo basará su comportamiento en tu ejemplo más que en tu discurso. De hecho, existe un abismo entre lo que haces y lo que dices y él hará lo que haces, a pesar de lo que le digas; evita la técnica obsoleta de pegar al niño que ha pegado a otro».

Cuando nos damos cuenta de la impresión que causamos en el comportamiento de nuestros hijos, encontramos la fuerza para mejorar nuestros hábitos. ¿Utilizas palabras malsonantes o tacos? ¿Eres poco considerado hacia los demás? ¿Quieres que tu hijo se comporte en la guardería como tú lo haces en la vida diaria?

23

Atribuir poderes mágicos a *por favor* y *gracias*

A los niños les encanta la magia cuando tienen unos dos años. Aprovéchate de esta fase de su desarrollo y utiliza la vieja fórmula de «das palabras mágicas». La magia de las palabras «por favor» y «gracias» es que conseguirán que los niños quieran ayudarte, si las describes como tales a tu hijo. Si le dices que utilizarlas es de buena educación, que es lo que hay que hacer, etc., etc., lo más probable es que tus explicaciones caigan en saco roto. Pero si les atribuyes poderes mágicos, no podrá resistirse a utilizarlas.

Si pide las cosas «por favor» es más fácil que las consiga (no se te olvide explicarle que no es infalible, pero que le *ayudará* a obtener lo que quiere). Si dice «gracias» es más probable que los mayores estén dispuestos a escucharle. No olvides las palabras «lo siento», tan mágicas que hacen que las ofensas se olviden; «perdona un momento» provocará que los adultos le presten atención.

El enfoque mágico hará que tu hijo comience a utilizar palabras y frases de buenos modales, pero es determinante que TÚ las utilices siempre. Ya sabes que tu hijo imita todo lo que haces.

24

Volver a aprender el significado de la palabra *paciencia*

«Paciencia» no es una palabra aplicable a los niños pequeños, pues no tienen la menor noción de lo que significa. No les reconforta la promesa de que algo ocurrirá «mañana», porque cualquier cosa que no ocurra AHORA MISMO no existe para ellos. Los conceptos de «mañana», «al mes que viene» y «cuando tengas 18 años» significan lo mismo.

Sin embargo, tú debes tener muy presente la palabra «paciencia». Una de las cosas más beneficiosas que puedes hacer para mejorar la relación que tienes con tu hijo es asignar un tiempo extra a las actividades que hacéis juntos. Los niños pequeños van a otro ritmo; cualquier cosa les parece fascinante y disfrutan inspeccionando algo durante horas. Si los padres se mentalizan de esto, disfrutarán compartiendo esta experiencia. Pero a menudo, tenemos que ir de un sitio a otro con nuestro hijo a toda prisa, pensando que lo hacemos POR nuestro hijo, cuando lo que a él en realidad le gustaría es sentarse en el parque a espiar a un saltamontes durante 20 minutos.

Siéntate a observar el insecto con él. Deja que te cuente sus teorías sobre cómo viven estos animalitos. Aprenderás a disfrutar olvidándote del mundo por un momento y terminarás agradeciendo a tu hijo esta lección de relajación.

25

Llevar al niño contigo

Si tus actividades te lo permiten, incluye a tu hijo siempre que te sea posible. A los niños les encanta ir a sitios donde nunca han estado y ver cosas nuevas si están contigo y les explicas todo. Dentro de poco, lo que haces le resultará aburrido así que es tu última oportunidad de pasar momentos felices con tu pequeño mientras haces las cosas que necesites.

Mete en una bolsa algunas cosas interesantes para que no se aburra en ningún momento. Yo siempre llevo encima unos libritos. No ocupan mucho espacio ni pesan y resultan más económicos y entretenidos que muchos juguetes. Si siempre sacas el mismo libro, tu hijo perderá su interés (a menos que sea su favorito, en cuyo caso el éxito está asegurado), pero si cambias los libros cada cierto tiempo, podrás aguantar interminables colas en el supermercado o largas esperas en la consulta del médico.

Puedes llevar unas ceras y un bloc de dibujo por si le surge la vena creativa. También puedes meter algunas bolsas de patatas fritas. Yo siempre llevo bolsas de juguetes de las tiendas de todo a un dólar; son baratas y pesan poco y a Tucker le encanta tener un dinosaurio, un cochecito o una ovejita de plástico nuevos cuando salimos a comer o estoy haciendo algo que le resulta aburrido.

Si sabes que tienes que hacer cosas de adultos durante algunas horas más, asegúrate de que tu hijo ha comido y descansado. Habla, habla y habla de cualquier cosa que vayáis viendo por el camino. Quizás puedas planear pequeñas excursiones al parque entre recado y recado.

Si tienes que ir al supermercado o a algún centro comercial, explícale entusiasmado lo divertido que es montar en el carrito. Si lo haces desde el principio, diciéndole cosas como: «Cuando lleguemos al supermercado, ¡TE vas a montar en el CARRITO!» quizás retrases el día en que tu hijo quiera ir por su cuenta por los pasillos del supermercado, tirando todo lo que encuentre a su paso.

Por supuesto, no todos los niños son iguales. Si el tuyo odia ir de compras, no lo lleves contigo. Sé creativo para evitar ir al supermercado con él: encarga la compra por teléfono o por Internet. Con un poco de dedicación, descubrirás cómo evitar muchas colas.

26

Pensar como un niño

Antes de que tu hijo se relacione habitualmente con otros niños, enséñale las normas fundamentales de cortesía y respeto. La próxima vez que juguéis juntos, compórtate como si fueras otro niño. Piensa lo que esto quiere decir: Cuando jugáis a construir una torre de bloques, ¿tu hijo siempre la tira? La mayoría de los padres aceptan con agrado este comportamiento, pero quizás otro niño no piense lo mismo. Aunque te sientas un poco estúpido haciéndolo, enséñale a que te pregunte: «¿Puedo tirar tu torre?». Si siempre le dices que sí, no aprenderá mucho, por lo que de vez en cuando tienes que pensar como un niño y decirle: «No, todavía no he terminado». Es la manera de enseñarle a que respete la creatividad de los demás.

Cuando comes, ¿le dejas que pruebe tu comida sin preguntar? A muchos padres no les importa que sus hijos mordisqueen su bocadillo o beban de su vaso; sin embargo, que se lo haga a otro niño puede que no le guste. Si nunca le detienes cuando te está pegando (aunque sea jugando), lo más seguro es que también pegue a sus amigos. Tu hijo no puede distinguir la diferencia entre sus padres y sus amigos, así que lo mejor es que antes de que empiece a jugar con otros niños le enseñes unas normas básicas de comportamiento.

27

Aprender a apreciar la perseverancia de tu hijo

Los niños son muy testarudos, pero vamos a darle la vuelta a esta afirmación y a mirarla desde un punto de vista positivo. Un niño con una voluntad fuerte es un niño sano y perfectamente desarrollado. (¿Preferirías que tu hijo no mostrara signos de personalidad?) Si le dices: «No, no puedes tirar el triciclo a la piscina» y continúa insistiendo de todas las maneras posibles para ver cómo se hunde, está mostrando una determinación que le ayudará en el futuro.

Para él, meter el triciclo en la piscina puede ser muy interesante y ninguna explicación lógica le hará desistir de su empeño. Si no le dejas, ¿cómo va a satisfacer sus ganas de aprender? ¿El triciclo flotará? ¿Se hundirá? ¿Explotará? No puede saberlo porque te estás entrometiendo en su investigación.

No estoy sugiriendo que le dejes que realice su experimento, pues posiblemente una norma de tu casa sea «no se tiran triciclos a la piscina». Pero en lugar de enfadarte por su perseverancia, mantén la calma y habla con él para que te explique por qué quiere hacerlo. Ten en cuenta que, a menos que tu hijo haya desarrollado excepcionalmente la capacidad del habla, con una pregunta abierta, como: «¿Por qué quieres hacerlo?» no conseguirás ninguna respuesta. Los niños se sienten abrumados por las preguntas que tienen muchas respuestas posibles. Es mejor que intentes meterte en su mente. Dile, por ejemplo: «Ya veo que quieres tirar el triciclo a la piscina. ¿Necesita un baño? ¿Quieres que te ayude a lavarlo?», o bien: «¿Quieres nadar un poco? Ven, ten enseñaré los juguetes con los puedes meterte en la piscina». O quizás: «¿Quieres montar en el triciclo? La piscina no es el mejor sitio para hacerlo. Vamos a pensar en qué otros sitios podemos montar en triciclo».

Si puedes distraerle sin cambiar completamente de tema, quizás consigas tu objetivo, pero no te sorprendas si tus sabias intervenciones provocan su llanto: así son los flujos emocionales de los niños.

28

Las rabietas

Las rabietas no son un ejemplo de mal comportamiento, simplemente son la forma que tiene tu hijo de expresar sus emociones. Quizás te parezcan una manera de expresión equivocada, lo cual es lógico, pero necesitas un poco de tiempo y paciencia para enseñar a tu hijo otras formas más adecuadas de expresar sus sentimientos negativos.

Las rabietas también son difíciles para los padres, pero no debes castigar a tu hijo porque tenga una de ellas. Los niños pequeños no las pueden evitar porque aún no han aprendido los procesos internos necesarios para controlar sus respuestas emocionales a las frustraciones a las que se enfrentan diariamente. A menudo, la causa es una incapacidad para expresar sus sentimientos o la rabia por sus propias limitaciones físicas o las que tú le impones. A veces, el origen es la fatiga o la tensión. Cualquier cosa que añada estrés a la vida de tu hijo, como un nuevo hermano o una canguro desconocida... provocará más rabietas.

La mejor respuesta a las rabietas de tu hijo es no hacer nada. Si sientes que tu propio nivel de estrés está por las nubes, mantén la calma y muéstrate neutral y considerado. No te enfades o empeorará la situación.

Tampoco seas demasiado complaciente ni le des algo que le acabas de negar o tendrás que enfrentarte después a más rabietas. Pero quédate cerca de él, si no tu hijo se sentirá abandonado, empeorando su situación. Shimm y Ballen dicen:

> Es importante que los padres protejan a su hijo durante las rabietas. Si rompe algo o se hace daño, se asustará más porque sus padres no le prestan atención que por el desastre causado. Si tu hijo empieza a lesionarse, debes sujetarle. Puesto que esto puede hacer que le enfurezca más, te sugiero que primero quites todos los obstáculos y luego te sientes a su lado...
>
> Las rabietas pueden ser horribles para los padres; sin embargo, si tu hijo está así porque está enfadado, asustado o confuso, puede sentirse abandonado y convencido de que no aceptas sus sentimientos. Debes entender que no tiene una rabieta a propósito y que necesita tu consuelo cuando se le pase.

29

Ofrecer consuelo después de una rabieta

Después de que al niño se le haya pasado la rabieta, suele estar relajado y más suave que un guante, y muy receptivo a tus muestras de cariño y a tus atenciones. Utiliza esta oportunidad para volver a conectar con él, incluso si la rabieta era contigo. (No te preocupes porque tu hijo crea que las rabietas son una forma de atraer tu atención; lo pensaría sólo si fuera la única manera de que le hicieras caso).

Dile que entiendes que estuviera enfadado o triste. Ayúdale a expresar las emociones que provocaron la rabieta, diciéndole que esos sentimientos son naturales y que todo el mundo los tiene alguna vez. Dale la oportunidad de que reflexione de qué otra forma podría haber tratado esos sentimientos. Incluso, puedes darle sugerencias: «¿Por qué no le has pedido a papá que te ayude con el puzzle?», «¿por qué no me has dicho que te estaba dando tirones con el cepillo?», «¿qué hubiera pasado si yo hubiera roto tu libro favorito?». Shimm y Ballen sugieren:

> Una vez que tu hijo se haya calmado, explícale con frases cortas por qué se ha enfadado. «Te has disgustado cuando mamá te dijo que dejaras de pintar. Entiendo que te enfades, pero la próxima vez dime, por ejemplo: 'Mamá, no me gusta que me digas que deje de pintar'. Mamá te escuchará y sabrás que te quiero incluso cuando te enfadas conmigo».

Cuando los padres ponen nombre a los sentimientos de sus hijos, les ayudan a reconocer y aceptar sus emociones. Le enseñas a comunicar sus sentimientos sin recurrir a las rabietas.

Cuando se le pase el berrinche y los dos estéis más tranquilos, explícale cómo puede expresar lo que siente con palabras. Incluso puedes usar sus juguetes para escenificarlo: «El pequeño elefante se enfada cuando mamá elefante dice que no hay más televisión».

30

Juzgar el comportamiento, no al niño

Tu hijo no es malo, incluso si se orina en un par de zapatillas nuevas. Al enseñar a tu hijo la diferencia entre correcto e incorrecto, asegúrate siempre de distinguir entre comportamiento y niño. El que haga algo malo no quiere decir que sea malo. No le digas nunca a un niño que es malo, pero hazle saber que ciertas acciones son erróneas y que no se las consientes.

Aunque sea difícil, probablemente también sea adecuado evitar decirle que es un chico bueno. Si recoge todos sus juguetes un lunes y le dices que es un «buen chico», ¿qué pasa el miércoles, si no te ayuda a recoger? Incluso si no lo dices, puede pensar que en ese momento es un chico malo. No es realista esperar que un niño se comporte bien todo el tiempo. Puedes hacer que se sienta orgulloso y feliz de su buen comportamiento y triste y arrepentido cuando se porta mal, sin decirle que es un niño bueno o malo.

En cualquier caso, no te ahorres los elogios, porque los padres nunca elogian a sus hijos lo suficiente. Si recoge sus juguetes, dile: «Me encanta cómo está todo. Estoy muy orgullosa cuando recoges tus juguetes. Mamá se pone muy contenta».

Uno de los mayores errores que cometen los padres es reaccionar de forma más enérgica a los malos comportamientos que a los buenos. Los niños reclaman atención de forma natural y disfrutan cuando atraen la tuya, ya sea positiva o negativa. Si ignoras habitualmente las buenas acciones de tu hijo, pero te centras en corregir las malas, ¿cuáles crees que se volverán a repetir? Lo único que quieren es llamar tu atención. Si te acostumbras a prestarle más dedicación cuando se porta bien, verás cómo cambia su comportamiento. Esto no quiere decir que debas ignorar una mala acción, sino corregirla sin perder la calma ni dedicarle un tiempo excesivo.

31

Dar instrucciones de manera eficaz

Si quieres que tu hijo deje de hacer algo, que haga alguna cosa, o bien que se comporte de otra manera, la forma de decírselo influye en los resultados obtenidos.

Mucho antes de que tu hijo pueda conversar contigo, será capaz de entender casi todo lo que le dices. Sin embargo, es muy fácil que se distraiga cuando te diriges a él. Si le das unas instrucciones a cierta distancia, tienes muy pocas posibilidades de que te entienda. Y si alzas la voz a menudo, perderá su eficacia.

La mejor forma de que te escuche es acercarte a él, ponerte a su nivel y mirarle a los ojos. Pronuncia su nombre y explícale lo que quieres que haga.

Dilo con seguridad; no dudes que entenderá todo lo que le dices. Incluso si es algo benigno, como «dame la mano», si se lo repites en un tono enfadado varias veces, pensará que se trata de una especie de castigo y no querrá hacerlo.

32

Animar al pequeño artista

A los niños les encanta garabatear. Te observa cuando utilizas lápices o bolígrafos y quiere hacer lo mismo. Las demostraciones artísticas a temprana edad le ayudarán a expresar sus sentimientos. Son los indicios de sus habilidades artísticas y suponen una expresión de creatividad y una oportunidad para hacer progresos de los que estar orgulloso.

Dale a tu hijo a menudo la oportunidad de demostrar su creatividad, pero supervisa lo que hace ya que es fácil que no utilice las ceras y las pinturas de la forma que debería. Muchos padres no dejan a sus hijos que jueguen con material de dibujo por miedo a que pinten las paredes o los muebles. En lugar de limitar su uso, sácalos cuando tengas un rato para acompañarlo en sus juegos. Si ves que se lleva los lápices de colores, pregúntale: «¿Has terminado de pintar? Si es así, vamos a recoger los lápices y a sacar otro juguete». Si protesta, explícale que los lápices sólo son para pintar en el papel.

A continuación te explicamos una receta para una pintura de dedos comestible e incluso apetitosa: Mezcla dos cucharadas de maicena con dos de agua fría. Añade una taza de agua hirviendo y remuévelo todo. Utiliza colorante alimenticio para darle color. Viste a tu hijo con ropa vieja (no le pongas nada si el tiempo está bueno). Comparte esta experiencia con él, mostrándole cómo combinar colores para conseguir diferentes efectos. ¡Puedes aprovechar para dar rienda suelta a tu propia creatividad!

En cualquier momento puede haber una oportunidad para ser creativos. Guarda el papel en sucio en una caja y sácalo cuando tu hijo esté aburrido. Explícale cómo hacer bonitos diseños con una tijera de punta roma. Pega en un cartón recortes, hojas y cualquier objeto pequeño que no te sirva para crear divertidos *collages*. Anima a tu hijo a que vaya más allá de la caja de ocho colores.

33

Ser comprensivo con el teléfono

A menudo, los niños más tranquilos se vuelven unos pequeños demonios en el momento en que su mamá se pone a hablar por teléfono. No sé qué tiene este aparato que saca lo peor que hay en un niño. Me imagino que les resulta complicado entender por qué su mamá está tan cerca y no les hace caso.

Un truco que a mí y a otras madres que amamantan a sus hijos nos funciona, es darles el pecho mientras hablan por teléfono. Los niños se sienten atendidos y están tranquilos, mientras aprovechas para relajarte en el sofá. Si no estás amamantando, ofrécele el teléfono para que hable él también: «La tía Aimee está al teléfono, ¿quieres ponerte? Cuando acabes, puedes jugar con este puzzle mientras yo hablo con ella».

Si esto no funciona y sigue reclamando tu atención, no le ignores. Seguirá intentándolo, cada vez con más fuerzas, hasta que los dos os enfadéis. Dile a tu hermana que espere, agáchate y dedícale toda tu atención un momento. Quizás sólo quiera un vaso de agua. Si puedes responder a sus demandas inmediatamente, hazlo y luego dile: «Ahora voy a hablar por teléfono. Estoy aquí contigo pero quiero que esperes a que acabe para pedirme otra cosa, ¿vale?». Algunas veces funciona y si le prestas un poco de atención extraordinaria cada vez que *acabes* de hablar por teléfono, le encantará que recibas una llamada.

34

No gritar

Gritar a alguien es un abuso verbal y emocional. Los gritos asustan al niño y dañan su autoestima; en esta situación, el niño no aprenderá tan fácilmente, no se portará bien y no será feliz. Si siente que es una mala persona, seguro que empieza a actuar como tal.

Si gritas a tu hijo con frecuencia, examina la efectividad de dicha costumbre. ¿Gritarle realmente mejora su comportamiento? Incluso si a veces hace por miedo lo que le has gritado, ¿seguro que le has enseñado algo valioso? Si asustarle es la única forma de controlarle, ¿qué harás cuando tus gritos dejen de darle miedo? El siguiente paso lógico es encontrar algún castigo terrible que haga que te obedezca. ¿Es ese el patrón de conducta que quieres enseñar a tu hijo?

Es complicado cambiar una costumbre, incluso si sabes que no es buena, pero puedes plantearte el propósito de utilizar técnicas de disciplina basadas en la razón, como las de este libro y otros similares. No sólo tu hijo saldrá beneficiado, también tú.

Además, gritar a tu hijo puede provocar que él hable alto y estará recibiendo un mensaje contrario al que deseas enviar. Lawrence Kutner señala que cuando un padre alza la voz para ordenarle a su hijo que no grite, «el mensaje que transmiten sus palabras se opone claramente a lo que indica su comportamiento. El padre piensa que hablar alto es más efectivo que hablar bajo. La lección que se aprende es bastante distinta de la que se pretendía enseñar».

35

Convertir la disciplina en rutina

La rutina para enseñar disciplina debe ser exactamente eso: una rutina. Debes saber con antelación cómo vas a reaccionar a determinados comportamientos y hacer un esfuerzo por dar siempre la misma respuesta a un mismo hecho, sin embargo, es fácil olvidar esta pequeña regla. Un día, tu hijo tira la comida al suelo; estás relajado y contento y le haces cosquillas en el pie mientras te agachas a recogerla.

Al siguiente día estás cansado y sin ganas de dar explicaciones. Todo sale mal: el lavabo se ha atascado, el teléfono suena y tu hijo tira la comida al suelo. Entonces le gritas: «No, no y no», le quitas la cuchara y le pegas.

Tu hijo ya no sabe cómo vas a reaccionar la próxima vez que tire la comida. Como su única forma de aprender es repetir el experimento, tendrá que volver a hacerlo hasta que obtenga varias veces el mismo resultado.

La mejor forma de reaccionar es darle una reprimenda en tono tranquilo y aburrido, para que sepa que lo que hace no es divertido ni tiene sentido que lo repita. Si utilizas este método de forma constante, mejorará su comportamiento.

36

Ser firmes con la televisión

Algunos pedagogos expertos defienden que en los primeros años es mejor que los niños no vean nada de televisión; sin embargo, otros mantienen una postura más liberal y dicen que ciertos programas y vídeos pueden proporcionar experiencias de aprendizaje valiosas, mientras no se abuse.

Existen dos grandes problemas con que los niños se sienten enfrente de la televisión: el primero es que ver la televisión es una actividad pasiva y los niños tienden a dejar de pensar. Incluso si están viendo un programa educativo, el cerebro del niño está en modo automático y no procesa la información como cuando está involucrado activamente aprendiendo algo.

El segundo problema es que la inmensa mayoría de lo que ponen en la televisión no es adecuado para los más pequeños. Violencia (incluso dentro de la «programación infantil»), estereotipos sexuales y racistas... y muchos comportamientos que los niños no deberían imitar. Los investigadores han encontrado muchos efectos negativos en niños por ver programas de televisión realizados de forma irresponsable.

Una actitud responsable por parte de los padres es controlar el contenido de los programas que ven sus hijos, así como el tiempo que se pasan delante del televisor. Si has estado jugando con tu hijo durante toda la mañana y necesitas veinte minutos para enviar un correo electrónico, puedes poner un vídeo de Barrio Sésamo o Walt Disney sin sentirte culpable. Si estudias los programas que dejas ver a tu hijo, ampliarás tu selección de lo que puede ver, sobre todo si lo ves con él. Penelope Leach escribe:

> Un niño que no puede permanecer sentado delante de un libro
> de historia natural puede ver un documental de vida salvaje y

sumergirse en las imágenes de la selva. Al niño que le gusta que le lean puede disfrutar de los mejores narradores de cuentos. El niño de ciudad puede descubrir que la leche no viene del Tetra-Brik; el niño que vive en un pueblecito aprenderá que hay gente que habita en grandes ciudades que a lo mejor nunca visitará.

Si le dejas ver sólo algunos programas que te parezcan adecuados y los ves con tu hijo, el niño se acostumbrará a ver la televisión de forma controlada. Si no la utilizas como fuente de entretenimiento fácil, no te pedirá verla más de lo que le dejes, al menos hasta que los niños de su escuela comiencen a hablar de los programas de la televisión. Pero quizás para entonces, ya tendrá suficientes amigos como para no tener que entretenerse con la televisión.

37

Utilizar la magia de la hidroterapia

Cuando tengas un día horrible, date un baño con tu diablillo. Llena la bañera hasta arriba y mete algunos juguetes nuevos de plástico. Juega con él, o simplemente, relájate y disfruta viendo cómo se entretiene. Un cambio de escenario a menudo provoca un cambio de actitud y los baños son una alternativa cuando no se puede salir de casa.

Mi amiga Abby mete a su hija en la bañera cada vez que necesita poner en orden las facturas o hacer una llamada larga. Abby siempre se queda en el baño con ella, por supuesto, pero dice que es la única forma de estar segura de que Jessica estará entretenida mientras ella necesita concentrar su atención en algo.

Si hace buen tiempo, una piscina es una estupenda opción. Puedes llenar una piscina inflable si no puedes ir a una de verdad. Todavía no he conocido a ningún niño pequeño al que no le guste jugar dentro del agua. Nunca dejes a tu hijo solo, aunque sea el mejor de su clase de natación.

Por cierto, la *American Academy of Pediatrics* no recomienda llevar a los niños a clases de natación antes de los tres años. Aunque existen clases para niños tan pequeños, no se convierten en mejores nadadores por acudir a ellas. Los padres pueden confiarse demasiado pensando que su hijo sabe nadar, cuando en realidad no tiene la madurez suficiente para estar seguro en el agua.

Los niños de menos de tres años son más susceptibles a las intoxicaciones causadas por el agua. Así que disfruta de los baños, las piscinas para niños y de ver cómo te salpican, pero no los dejes solos en el agua.

No ser el Sargento Limpiadientes

Forzar a un niño a que se lave los dientes es como obligarle a que duerma... es imposible. Seguramente lo conseguirías si le atas las manos, te sientas encima de él y le abres la boca para meterle el cepillo, pero... ¿prefieres esto a un poco de caries?

No merece la pena luchar para que tu hijo se lave los dientes cuando es pequeño. Incluso algunos dentistas (y quiero decir *algunos*, no todos) defienden que no hace falta una limpieza exhaustiva antes de los tres años. Es mejor que tu hijo se acostumbre a cepillarse los dientes a su ritmo. Si conviertes este hábito en una orden, puede que desarrolle una animadversión de por vida a lavarse los dientes.

Haz que tu hijo vea que disfrutas cepillándote los dientes. Utiliza la pasta para niños que le compraste, para que no piense que tú tienes otra mejor y probablemente te imite. Si no es así, ofrécete a que te cepille los dientes, mientras tú haces lo mismo con los suyos. Lo mejor es que se cepille él sólo, pero también debes hacérselo tú. Si siempre se los cepillas, nunca aprenderá; pero si lo hace sólo desde el principio, probablemente no se los limpiará bien.

Busca algún cepillo divertido. A mi hijo Tucker le encanta el cepillo eléctrico para niños que le regalamos. Un amigo nuestro instaló un grifo parecido a una fuente en su baño y su hijo empezó a pedir un cepillo para lavarse los dientes.

Como con cualquier otro hábito que quieras que adopte tu hijo, haz que parezca divertido. Explícale algunas ventajas (se hará grande como papá y mamá; tendrá los dientes fuertes para morder su comida favorita; tendrá un cepillo de su personaje favorito para él solo...). Compra otro cepillo para que lave los dientes a sus muñecos o animalitos de juguete. Si tiene algún animalito con dientes, anímale a que se laven los dientes juntos.

39

Olvidarse de la vara..., la ironía y las amenazas

Los azotes, las tortas, los cachetes, los insultos y las amenazas son formas de castigar a un niño mediante el miedo y el terror. Algunos niños buscarán venganza; otros sentirán tanto odio hacia sí mismos que puede que intenten hacerse daño o pegar a otros niños. Algunos críos tendrán tanto miedo que no harán nada por temor a hacer el ridículo o a equivocarse.

No hay ninguna excusa para pegar a un niño. Si haces algo que haga daño a tu hijo o sientes la necesidad de pegarle, necesitas ayuda. Aunque creas que tu hijo necesita urgentemente una paliza, quien tiene un problema eres tú. Consulta con un especialista para saber cómo controlar el odio y enseñar a tu hijo a que te obedezca.

Aunque los adultos somos humanos, y algunas veces gritemos un poco, si reaccionas con demasiada violencia al comportamiento de tu hijo, pídele disculpas y explícale que lo que has hecho no está bien y que no lo volverás a hacer. Nunca es demasiado tarde. No temas que tu hijo vaya a perderte el respeto si le dices que estabas equivocado. Ocurre todo lo contrario; un niño que ve que su padre se responsabiliza de sus acciones e intenta corregirlas será un adulto responsable. Así le enseñas que se pueden corregir los errores y que nunca se debe humillar ni hacer daño a otra persona.

Los castigos vengativos no son afectivos y pueden empeorar la situación. Penelope Leach escribe:

> Las investigaciones demuestran que los niños que sufren castigos físicos suelen recordar mucho más el dolor que el motivo del castigo, porque están demasiado enfadados para escuchar las explicaciones o lloran demasiado fuerte para oírlas. Si preguntas a tu hijo de cuatro o cinco años porque le pegaste, responderá que «porque estabas enfadado». No se debe confiar en los castigos físicos para enseñar un buen comportamiento a un niño. Recuerda que no obtendrás la cooperación que necesitas mediante la fuerza física.

> No abuses tampoco de tu superioridad emocional. Los castigos que hacen que un niño se sienta tonto son tan ineficaces y peligrosos como los físicos. Si quitas los zapatos a tu hijo porque estaba corriendo o le obligas a volver a llevar un babero porque derramó la comida, se sentirá tan inútil que no aprenderá lo que intentas enseñarle.

40

Dar razones

Si no quieres que tu hijo se deje influir fácilmente cuando sea un adolescente y haga caso a cualquiera que le invite a tomar drogas o beber, no uses tácticas de castigo que impliquen sumisión. Al contrario, razona cada requerimiento que le hagas de una manera muy clara, indicándole siempre que lo haces en su propio beneficio. No le digas: «¡Porque lo digo yo!». Así, tu hijo nunca aprenderá a pensar por sí mismo. Penelope Leach ofrece otra buena razón para no usar esta frase:

> A no ser que sea un caso de emergencia, en que las explicaciones deben esperar un poco, dile siempre a tu hijo por qué debe (o no debe) actuar de cierta manera. No tienes que entretenerte en una explicación muy larga, ni en discutir con él, pero si insistes en que «porque lo digo yo» es la única razón, no sabrá clasificar esta orden dentro de su esquema mental de cómo comportarse. «Vuelve a poner esa pala en su sitio», le gritas enfadado. ¿Por qué? ¿Es peligroso? ¿Está sucia? ¿Puede hacerse daño? ¿Debe estar en su sitio la próxima vez que alguien la busque? Si le dices que es de los albañiles y no les gusta que la gente descoloque sus cosas, puede aplicar este razonamiento en otras ocasiones. Pero si le dices «¡porque lo digo yo!», no le enseñarás nada.

Evitar decirle «porque lo digo yo» a tu hijo no significa que le tengas que dar una *justificación* detallada. No necesitas convencerle de que tienes razón. (Razonar con un niño de dos años no suele tener mucho éxito la mayoría de las veces). Pero sí le *debes* alguna explicación.

Digamos que quiere ver la televisión más tiempo del que consideras adecuado. No necesitas justificar tu postura mediante una larga discusión sobre la diferencia entre la estimulación pasiva y activa del cerebro. Basta con decirle: «Porque ver mucha televisión no es bueno». Aunque no sea una explicación mucho más elaborada que «porque lo digo yo», muestra una preocupación por tu hijo y le da una razón que puede tener sentido para él. Si está de acuerdo o no, es otro cantar, pero no es tan importante como que reciba alguna explicación.

«Porque (lo que sea) no es bueno para ti» es una explicación comodín para muchas cosas que no tienen un razonamiento sencillo. Ayuda a que los niños se sientan seguros porque les recuerda que sabes cómo cuidarle.

Observa a tu hijo por si muestra signos de que algo le preocupa y ofrécele tus explicaciones a aquellas cosas que no puede entender. Quizás esté buscando respuestas sin saber cómo formular las preguntas. Shimm y Ballen escriben:

> Debes explicar a tu hijo cualquier cosa que pase en casa. Los niños tienen una antena interior y creen que son los culpables de todo lo que ocurre, desde una enfermedad al mal humor de su padre. Le ayuda mucho que le des una explicación y le reafirmes que lo que ocurre en la familia no tiene nada que ver con él. Por ejemplo, si el bebé tiene fiebre y los padres no han dormido en toda la noche, es el momento de decirle: «Mamá y papá están cansados porque el bebé está malito, pero no es culpa tuya».

41

Responder a «yo lo hago»

Alrededor de los dos años, muchos niños quieren vestirse, comer, subirse a la silla del coche, lavarse las manos y los dientes solos, sin ayuda de nadie. Algunos quieren hacer solos algunas cosas y otros prefieren que tú les hagas todo hasta que sean más mayores.

Animarles a que sean independientes debe coincidir con los instintos del niño para querer hacer las cosas solos. Consiéntele que haga las cosas solo cuando dice «yo lo hago» y, de vez en cuando, sugiere actividades que quieras que haga, por ejemplo, si tiene todos los juguetes tirados por el suelo, saca una caja grande e invéntate un juego para que los recoja. Dile: «A ver si puedes poner todos los juguetes en esta caja como si fueran en un tren, pero tú solo». Cuando lo haga, enséñale cómo conducir ese «tren» por la casa, dejando cada juguete en su sitio, como si cada parada fuera una estación.

La clave para aprovechar estos deseos de ser independientes es encontrar el modo de que tu hijo *quiera* hacer lo que tú quieres que haga. Si le obligas a que haga las cosas porque sí, se convertirá en una lucha de voluntades, en la que sin duda, perderás.

Cuando empiece a aflorar esta independencia, revisa tus protecciones para niños. La mayoría de los padres colocan todos los dispositivos a prueba de niños que hay en el mercado cuando su hijo empieza a gatear y un año después se congratulan de todo el dinero y tiempo empleados. Pero proteger una casa donde viven niños es un proceso continuo. Los niños pequeños desarrollan nuevas habilidades rápidamente y algo que es un obstáculo para un crío de 22 meses, puede convertirse en un reto superable con el tiempo y acabar siendo como un puzzle que puede resolver con facilidad a los 28 meses.

42

Responder a «mamá, hazlo tú»

Algunas veces, los niños pequeños quieren que los adultos hagan cosas por ellos (al contrario que en el síndrome de «hacerlo yo»). Quizás tu hijo incluso alterne entre una y otra actitud. Si tu hijo te pide que hagas algo que preferirías que hiciera solo, hazlo. Lo más probable es que únicamente esté cerciorándose de que lo puedes hacer mucho mejor o más rápido que él y es su manera de aliviar parte de su tensión o evitar una situación de frustración.

Anímale a que te diga cómo hacerlo, para que se lleve algo del mérito. Quizás te pida que le ayudes a hacer un dibujo, vestirse o utilizar bien los cubiertos aunque ya sepa cómo hacerlo. Muéstrale de forma sencilla cómo hacerlo o intenta elogiar sus habilidades con mayor frecuencia para que se sienta motivado a hacer las cosas solo.

Prohibir las armas

«Los niños son niños». «Es innato en ellos». «Si no les compras pistolas de juguetes, las harán con los legos de todas formas». Estos son algunos de los comentarios que he oído a otros padres sobre el eterno debate acerca de dar o no dar armas de juguete a los niños para que se entretengan.

Mi marido, una persona equilibrada y tierna, tiene agradables recuerdos de su niñez: capturar y torturar a pequeños hombrecillos de verde en nombre del patriotismo, perseguir a su hermano y amenazarle con un rifle de tamaño natural y protegerse de enemigos imaginarios con una pistola de plástico. Pero cuando él era niño, los niños no llevaban armas de verdad; la guerra suponía la justa ocupación de un país, celebrada por los jóvenes; y las armas las usaban hombres de ley para defender a ciudadanos inocentes, no las portaban narcotraficantes ni terroristas. Las armas hoy en día no son lo mismo que hace unos años. Por desgracia, muchas veces vemos a niños de corta edad empuñando un arma.

Aunque es cierto que en casi todas las culturas desde el principio de los tiempos los niños se han enzarzado en juegos violentos, especialmente los varones, saberlo es una cosa y promoverlo es otra muy distinta. He leído y escuchado que el que un niño juegue a disparar a un amiguito no debe ser causa de preocupación para sus padres, porque no indica que se vaya a convertir en un asesino en serie. Yo estoy de acuerdo con esta afirmación, pero también creo que es una irresponsabilidad por parte de los fabricantes de juguetes el crear réplicas tan reales de unas máquinas que sirven para matar. Es normal que un niño se pelee con un compañero de juegos, pero no le compramos nudillos de metal para que le haga más daño.

También sé que los niños imaginativos crearán aquellos juguetes con los que deseen jugar y cualquier utensilio puede ser una pistola, incluso puede apuntar con el dedo. Pero un niño que utiliza un plátano para disparar a su hermana puede que al siguiente día lo utilice como teléfono para llamar a su abuela. Una pistola de juguete es una pistola, al fin y al cabo, y si tiene una de verdad a mano, querrá disparar con ella. Penelope Leach escribe: «Las investigaciones realizadas apoyan lo que nos dice el sentido común de que las pistolas y las armas estimulan a los niños a que jueguen de forma más agresiva...». También sugiere que:

> Si estás pensando en prohibir las armas a tu hijo, quizás debas plantearte qué hacer con otros juguetes agresivos, como los superhéroes. Los niños que pasan un tiempo determinado jugando con figuras de combate lo hacen de forma más agresiva que los que pasan el mismo periodo con animales de granja o vehículos de juguete. Además, si a continuación pasan un tiempo jugando a otra cosa, siguen haciéndolo de forma mucho más agresiva que los otros. Una sesión de lectura de historias con contenido agresivo tiene un efecto similar, especialmente cuando se les pide que escenifiquen los relatos. Lo mismo se puede aplicar a niños más mayores y a esos videojuegos violentos en los que los jugadores obtienen mayor puntuación por matar a más gente y de la forma más horrible.

Puede que los juegos agresivos y violentos sean universales, pero está claro que jugar con armas y recrear historias violentas aumenta el poder de los mismos. Por tanto, si quieres que los juegos de tu hijo no sean muy violentos, lo mejor es que aceptes los que sean resultado de su imaginación, sabiendo que en esta etapa, el que tu hijo diga «pump, muerto» no tiene mayor importancia. Recuerda que nada de lo que hagas o dejes de hacer con los juegos y juguetes de tu hijo influirá en su comportamiento. Toda violencia engendra violencia; si el niño la observa en casa o la sufre él mismo en el núcleo familiar, la violencia se convertirá en algo más serio que un simple juego.

La aventura de ir juntos a la tienda

Seamos realistas, si el tiempo que tu hijo pasa con una canguro es limitado, no tendrás ganas de pasar el tiempo que le dedicas a tu hijo haciendo la compra. Pero si programas el tiempo suficiente y le llevas cuando no esté ni hambriento ni cansado, puede ser bastante divertido para los dos.

Déjale que meta las manzanas en la bolsa; cómprale una caja de galletas y déjale que las pruebe; anímale a que elija las verduras para la cena... Lo más importante es que LE CUENTES lo que estás haciendo todo el rato. Incluso a las edades más tempranas, a un niño siempre le entretiene que sus padres le hablen de forma animada, y entiende más de lo que crees.

Mi marido se toma un batido proteínico para desayunar y, como es el único de la familia que toma leche entera, siempre le digo a Tucker que elija la leche del estante: «Vamos a por la leche para el batido de papá» y le dejo que encuentre la que toma su padre y la ponga en el carro. Un día, cuando Tucker sólo tenía 22 meses, pasamos por el pasillo de la leche y, muy emocionado, gritó: «¡Leche! ¡Papá! ¡Batido!». Si no hubiera sido por él, se me habría olvidado comprarla ese día.

Prepara una lista antes de ir a comprar. Muéstrasela, léesela y enséñale cómo vas tachando lo que vayáis echando en el carro. Un truco para ahorrar tiempo es, si siempre compras las mismas cosas, hacer una lista muy larga y tener varias copias. Entonces, antes de salir, elimina lo que no necesites comprar esa semana, por ejemplo, los tomates porque aún no se han acabado, y añade las cosas que sólo compres de vez en cuando, como una tarjeta de felicitación para el tío Mike o palomitas de maíz para ver una película el fin de semana.

Acuérdate de que ir al supermercado debe resultar divertido para tu hijo. Si sabe que estás buscando los plátanos, toma una bolsa de zanahorias y dile: «Bueno, ya tenemos los plátanos». Entonces, cuando te corrija, respóndele: «¿Que esto no son plátanos? ¿Estás seguro? Bueno...». Y dejando las zanahorias en su sitio, pregunta: «¿Dónde estarán los plátanos?» (mientras avanzas con el carro puedes ir mirando descaradamente para otro sitio). Cuando él «encuentre» los plátanos, haz un poco de teatro mostrándole lo contento que te pones de que te haya ayudado. (Este truco sólo funciona si normalmente te comportas de este modo con tu hijo. Si lo haces en serio, confundirá los nombres de frutas y verduras). Corregirte y ver si colocas las cosas correctas en el carro le mantendrá entretenido y alerta.

De todas formas, recuerda que no hay dos niños iguales y algunos no aguantan ir al supermercado bajo ningún concepto. Si éste es el caso de tu hijo, no debes forzarle. El tiempo que pases con tu hijo debe estar lleno de actividades con las que disfrute, siempre que sea posible; así que, en este caso, intenta ir a la compra en las horas que no estés con él.

45

No adelantar el momento
de dejar los pañales

La mayoría de los niños dejan los pañales entre los dos y los tres años pero, a veces, lo hacen antes de los dos o después de los tres. Algunos síntomas de que es el momento son que los pañales están secos dos o más horas; que se interesen por el orinal y que te pidan sentarse en él o usarlo; que te digan que tienen el pañal seco o mojado, y sobre todo, cuando te dicen que quieren hacer pipí o popó.

Ayudará el que dejes a tu hijo que te vea utilizar el baño. (A mí, personalmente, no se me ocurre otro modo, pero algunos padres consideran el baño un espacio privado). Sin tener un modelo al que imitar, puede que a tu hijo le lleve más tiempo ir al baño solo.

Este momento llegará dependiendo sobre todo de su personalidad, pero también de un proceso interno casi imposible de detectar. Necesita reconocer cuándo tiene la vejiga llena y cómo poder controlar la orina.

También debe aprender a reconocer cuándo se le mueve la tripa y a controlar los músculos hasta que llegue al baño. Algunos niños adquieren este control sobre los dos años, pero otros no lo hacen hasta los tres años o más.

Forzar a tu hijo a que deje los pañales sólo conseguirá provocar en él una frustración innecesaria. Recuerda que tu hijo se siente mal si cree que te está decepcionando.

46

Dejar que el niño elija su orinal

Si piensas que está preparado, deja que tu hijo elija su orinal. Existen unos orinales para colocar en el suelo y otros que se adaptan a la taza. La ventaja de los de suelo es que tu hijo se sentirá mucho más seguro sentándose en un orinal de su medida, con los pies en el suelo. La desventaja es que tendrás que limpiarlo cada vez que lo utilice. La ventaja clara de los orinales o asientos que se ponen sobre las tazas es que lo único que tienes que hacer es tirar de la cadena, y de todas formas tu hijo tendrá que acostumbrarse a la taza tarde o temprano. La desventaja es que tiene que ayudarse de un peldaño o un taburete para subir, lo cual puede no gustarle si le resulta difícil.

Si no tienes claro cuál prefieres, discútelo con tu hijo. Quizás no pueda explicarte bien cuál le gusta más, pero según se los describas, observa su reacción para ver de cuál es partidario. Muchos orinales de asiento son convertibles y te permiten empezar poniéndolo en el suelo y luego adaptarlo a la taza.

Déjale que pruebe los modelos que haya en la tienda, pues suele haber un amplio surtido. Haz que la visita a la tienda sea divertida, pero sin extralimitarte, pues no debes darle mayor importancia de la que tiene.

Cuando llegues a casa con el orinal nuevo, deja que tu hijo decida dónde quiere ponerle (a no ser que hayas decidido ya que el único sitio posible es el baño). Algunas personas dejan el orinal en la habitación donde el niño pasa más tiempo. Deja que tu hijo lo inspeccione con atención mientras esté nuevo y limpio. Explícale para qué sirve, que puede usarlo cuando esté preparado y que entonces llevará ropa interior de niño mayor. Puede que quiera sentarse, con ropa y todo para ver la televisión o comer. ¿Por qué no? Cuanto más cómodo se sienta, antes lo usará con normalidad.

47

Averiguar el mejor método para dejar de usar el pañal

¿Sabes cuándo está tu hijo haciendo sus necesidades? Algunos niños adoptan un aire ausente, otros se quedan quietos, otros se agachan, otros se esconden... Si sabes cuáles son los síntomas, pregúntale: «¿Estás haciendo popó?» (o lo que digáis en casa). Y luego dile que por qué no utiliza su orinal nuevo. Si la respuesta es afirmativa, llévale donde esté. No hay problema si ya ha empezado, lo importante es que haga algo en el orinal. Al principio tendrás que limpiarle tú, explicándole cómo lo hará él solito muy pronto. Enséñale lo que ha hecho y déjale que tire de la cadena. Nunca es demasiado pronto para enseñarle a lavarse las manos cada vez que haga sus necesidades.

Algunos padres me han comentado que ayuda el comprar pantalones de aprendizaje o incluso ropa interior de verdad en cuanto empiezan a utilizar el orinal. Para algunos niños es toda una novedad utilizar esta nueva ropa. Si tienes paciencia, intenta llevar al niño al orinal cada hora. Siéntate con él, leyendo un libro juntos, cantando o, simplemente, hablándole para que no se aburra.

También puedes seguir el consejo del psicólogo de familia John Rosemond y dejar a tu hijo que vaya a su ritmo. Sugiere que le enseñes el orinal y le digas: «Cuando tengas ganas de hacer pipí o popo, usa este orinal como los niños mayores. Si necesitas ayuda, llámame». Él defiende que cuanto más interfieren los padres, peor. Quítale los pañales unos días, si crees que es el método adecuado para tu hijo. Probablemente, sienta así más la necesidad de ir al orinal y le resulte más sencillo. De todas formas, debes estar atento. John Rosemond dice:

> Los padres deben servir de modelos y asesores para sus hijos en
> esta etapa de aprendizaje: deben estar a su disposición, pero sin

atosigarles; ayudarles, pero sin forzarles. En ningún caso deben ir detrás de ellos todo el día haciéndoles preguntas como: «¿No crees que deberías intentar utilizar el orinal?». Si ocurre algún accidente con el orinal, algo inevitable, no pierdas los nervios y dale tu apoyo. Céntrate en el éxito más que en los fracasos, es importante que tu hijo no crea que lo haces en tu propio beneficio.

Piensa también que la mayoría de los niños están preparados para dejar de usar los pañales entre los 24 y los 30 meses y que ignorar el momento en que un niño está preparado puede ser tan problemático como obligarle demasiado pronto.

Una sugerencia de una amiga: Haz hielos de colores y ponlos en el orinal antes de que se siente tu hijo. Cuando haga pis, el calor provocará que los hielos se deshagan haciendo ruiditos. ¡Resulta francamente divertido!

48

No castigar por los accidentes que sucedan en el baño

Si a tu hijo no le gusta sentarse en la taza del váter, sencillamente puede ser que aún no esté preparado. Pero incluso si está deseando quitarse los pañales y ocurren muchos «accidentes», es mejor esperar unos meses para volver a intentarlo. Aunque esté preparado emocionalmente, quizás no tenga todavía el control interno necesario. El niño que se sienta presionado por sus seres queridos estará demasiado tenso para controlar sus funciones corporales y, por lo tanto, será más propenso a tener accidentes en el baño. No puedes forzarle a que utilice el orinal, así que no te enfades con tu hijo ni te desesperes. No vas a lograr este objetivo por mucho que te empeñes, así que no lo conviertas en una guerra. Hagas lo que hagas, no puedes forzarle.

Si ocurre un accidente, límpialo sin perder los nervios y cámbiale de ropa. No hagas que se sienta avergonzado, sólo explícale que la próxima vez debe utilizar el orinal.

49

Demostrar causa y efecto

Siempre que sea posible, haz que una recompensa sea el resultado natural de la acción que la provocó. Este método requiere algo de creatividad por tu parte, pero hará que tu hijo entienda rápidamente la relación entre causa y efecto. También hará que una recompensa no parezca un soborno.

Pongamos, por ejemplo, que no logras que tu hijo recoja sus juguetes cuando termina de jugar. Le puedes amenazar con un castigo, como: «Recoge tus juguetes ahora mismo o tendremos un tiempo muerto». (Puede que funcione pero no es agradable para nadie). O puedes utilizar un chantaje descarado, como: «Si recoges los juguetes te compro uno nuevo cuando vayamos a la tienda». (También puede funcionar, pero no habrá aprendido nada, o aún peor, entenderá que cuando hace algo que te agrada se merece una recompensa material). Es mejor que intentes algo como: «Recoge tus juguetes para que podamos jugar al corro de la patata en tu habitación». O bien: «Si recoges esos juguetes rápidamente, nos dará tiempo de leer un cuento antes de cenar».

Los niños más pequeños deben recibir su recompensa inmediatamente, pero sobre los dos años y medio, con algo de trabajo, puedes intentar que llegue más tarde. A esta edad empiezan a funcionar los acuerdos: «Si me ayudas a hacer la compra, tendremos tiempo de pasar por el parque antes de ir a casa». Cuando se acostumbre a ellos, puedes empezar a negociar con tu hijo.

Evidentemente, habrá episodios de rebeldía, como le ha ocurrido a todos los padres en su juventud. Penelope Leach escribe:

> Algunas veces... las recompensas materiales –o si suena poco ético, los premios– pueden ser muy útiles. Los niños pequeños tienen un sentido muy simple de la justicia. Si quieres que tu hijo haga algo que odia, ofrecerle un premio tiene el doble efecto de concederle valor a que coopere y ayudarle a que se dé cuenta de que estás de su parte. Imagina que estáis en una calurosa tarde de agosto y tu hijo está jugando en la piscina; tienes que ir a recoger algo al trabajo y no quieres dejarle solo. ¿Qué problema hay en que le hagas un pequeño chantaje? «Sé que te lo estás pasando bien pero ahora tenemos que irnos. ¿Por qué no pasamos por el supermercado y vemos si ha llegado la película que querías?». Es un chantaje, pero también una oferta irresistible.
>
> Un premio puede cambiar totalmente la actitud de un niño que tiene que soportar algo desagradable, como que le pongan puntos en la cabeza. Da igual de qué se trate (mientras no sea algo que supiera que le ibas a comprar de todas formas); lo que importa es que le resultará más llevadero. Pero no debes dar este tipo de premios ante un buen comportamiento. Un premio «si te portas bien» provocará cierta presión sobre tu hijo pues cuando, como es lógico, se porte mal, debe saber que le sigues queriendo.

50

Enseñar responsabilidad

Como continuación a tu intento de vincular una recompensa al comportamiento que lo provocó, es mejor que enseñes a tu hijo a solucionar el agravio que buscar que se arrepienta. Si tu hijo tira el plato de la cena al suelo, en lugar de regañarle y utilizar un tiempo muerto, mientras pasas un trapo, dile con calma: «Has puesto perdido el suelo de huevo. Ahora tendrás que limpiarlo». Por supuesto, tú lo harías antes y mejor, y lo más seguro es que esté aún más sucio cuando acabe, pero le habrás enseñado una valiosa lección.

Quizás tu hijo se divierta limpiando, por lo que te surgirá la duda de si has sido justo. Pero, ¿era necesario que sufriera? ¿No es mejor que se responsabilice de sus actos para así corregirlos? Al fin y al cabo, tirar el plato probablemente fue el resultado de alguna frustración y perdió el control. Esto no quiere decir que haya que ignorar el hecho ni disculparlo, pero seguro que no es tan grave como para castigarlo con severidad.

51

Ayudar a tu hijo a reconocer lo que le gusta

Los sentidos de un niño son más agudos que los nuestros. Los niños pueden sentirse infinitamente alegres sólo con cantar, saltar, tocar algo suave o aplastar la plastilina, sólo tienes que verle. Puedes ayudarle animándole a que reconozca lo que le gusta de las cosas sencillas. Obsérvale y toma nota de las ocasiones en las que parece disfrutar especialmente. Entonces, pregúntale: «¿Te gusta? Parece que te pones contento cuando acaricias al gatito».

Anímale a que exprese sus sentimientos cuando esté contento y a que te diga aquellas cosas que le hacen especialmente feliz. Cuando esté haciendo algo, hazle comentarios del tipo: «¡Qué divertido!». Incluso si se está emocionando, es bueno para él que identifique esta sensación y le ponga un nombre. Cuanto más se oiga a sí mismo hablar de su propia felicidad, más feliz se considerará.

Asimismo, ayúdale a *recordar* cosas felices. Después de hacer algo agradable los dos juntos, habla sobre ello: «Ayer nos divertimos mucho cuando estuvimos nadando en el lago, ¿verdad?». Recréate en los detalles y háblale de los momentos en los que más se divirtió. Una amiga mía siempre pregunta a su hijo «¿qué fue lo mejor que te ocurrió hoy?» antes de acostarse. Hablarle y recordar «las mejores cosas» consigue que sus últimos pensamientos antes de dormir sean felices. También da una oportunidad de conocer mejor el mundo de los niños pequeños.

52

Plantar la semilla de la empatía

Los niños no son criaturas que sientan empatía por naturaleza. Creen genuinamente que cada persona, animal o cosa que ven tiene el expreso propósito de beneficiarles de algún modo. Disfrutamos y toleramos a los niños mientras obedecen y nos entretienen. Cuando surge un conflicto, un niño no será capaz de verlo con ninguna objetividad. Los niños piensan, por ejemplo, que todas las cosas son SUYAS.

Pero esto no quiere decir que tú, su padre, no debas intentar que sienta empatía por los demás. Si tu adorable hijo le quita el camión de bomberos a su amigo, dile: «Si le quitas un juguete a Nicholas, estará triste. ¿Recuerdas cuando Sarah te quitó la pelota? Acuérdate de lo triste que te pusiste. Devuélvele el camión a Nicholas para que no esté triste». Igualmente, si tu hijo pega o muerde a otro niño, obtendrás mejores resultados si le dices: «Cuando muerdes a Cindi, le duele, así que no lo vuelvas a hacer» que si le gritas: «¡No se muerde!». Probablemente tengas que repetirlo en varias ocasiones hasta que el mensaje cale en tu hijo, pero no te rindas. Al final, cuando menos te lo esperes, tu angelito empezará a repetir tus palabras a los demás.

Tu hijo debe ver que te comportas con empatía hacia los demás y, sobre todo, que muestras empatía hacia él. Nada mejora tanto la frustración de un niño que un padre comprensivo que describa sus preocupaciones cuando no es capaz de articular palabra. Shimm y Ballen señalan:

> Sólo tienes que pensar lo reconfortante que es para un adulto que otro hable objetivamente sobre su mal humor: «No me extraña que te sientas así si tu hijo ha tenido seis rabietas en casa de tu suegra». Así que imagínate el alivio que sentirá un niño pequeño, con un vocabulario y una comprensión de sus sentimientos limitados, cuando alguien describe con sencillez lo que hace y cómo se siente. Los padres ayudan a sus hijos al aislar sus sentimientos de los suyos y de los demás.

Otra técnica que funciona extraordinariamente bien con los niños más mayorcitos es decirles: «Cuando yo tenía tu edad, me pasaba lo mismo». Esta empatía ayuda al niño a superar cualquier miedo, celos, enfados o dudas. Sabrá que no pasa nada porque tenga los sentimientos que tiene y le dará la esperanza de que mejorarán con el tiempo. (Aunque en realidad no recuerdes haber tenido estos sentimientos, lo normal es que lo que le ocurre a tu hijo sea lo mismo que te pasó a ti en un momento dado).

53

Hacer canciones y juegos

Cortar las uñas, cambiar un pañal a un niño que no deja de moverse, enjuagar el champú mientras protesta... estos momentos son temidos hasta por el padre o madre más audaz. A los niños no les gusta que le digan lo que tienen que hacer, y menos cuando tienen que estar quietos y pasivos durante un rato.

Pero no todas las tareas que tengas que hacer con tu hijo tienen que convertirse en una lucha. Todo lo que un padre creativo tiene que hacer es pensar cómo convertir algo pesado en una actividad divertida. Ponte en su situación: ¿Qué piensa? Al principio requiere un poco de esfuerzo, pero una vez que establezcas este patrón, empezarás a recoger beneficios (o cuando tu hijo empiece a cortarse las uñas solo...). A continuación te explicamos dos maneras de convertir algunas canciones en juegos para hacer más llevaderas algunas tareas problemáticas. Las canciones y los juegos pueden mejorar el trauma que supone lavarle la cabeza, sonarle la nariz, lavarse los dientes, etc.

54

Cantar y acariciar al cortar las uñas

Cortar las uñas a tu hijo PUEDE ser divertido. Intenta cantar una canción con una letra referente a esa actividad. Además, hasta puedes conseguir que tu hijo se aprenda los nombres de los dedos. Haz como si la tijera fuera una ardilla, o cualquier otro animalito, llamado «Tijerita» y preséntaselo a tu hijo.

Dile que la ardilla «Tijerita» quiere darle un besito en los dedos y que al hacerlo, se irá comiendo las uñas. Dile que esconda los dedos hasta que tú los llames. Cuando sea el turno de mamá, dale un beso en cada dedo como dice la canción. Cuando sea el turno de «Tijerita», canta «Corta, corta, corta», mientras cortas una uña. (Si es otra persona la que está cortándole las uñas, sustituye el nombre).

El pulgarcito, el pulgarcito
Aquí está, aquí está
¡Mamá besa al pulgarcito! ¡Tijerita besa al pulgarcito!
MUA, MUA, MUA
CORTA, CORTA, CORTA

El dedo índice, el dedo índice
Aquí está, aquí está
¡Mamá besa al dedo índice! ¡Tijerita besa al dedo índice!
MUA, MUA, MUA
CORTA, CORTA, CORTA

El corazoncito, el corazoncito
Aquí está, aquí está
¡Mamá besa al corazoncito! ¡Tijerita besa al corazoncito!
MUA, MUA, MUA
CORTA, CORTA, CORTA

El anular, el anular
Aquí está, aquí está
¡Mamá besa al anular! ¡Tijerita besa al anular!
MUA, MUA, MUA
CORTA, CORTA, CORTA

El meñique, el meñique
Aquí está, aquí está
¡Mamá besa al meñique! ¡Tijerita besa al meñique!
MUA, MUA, MUA
CORTA, CORTA, CORTA

55

Entretener al niño mientras le cambias los pañales

¿Algunas veces tu hijo es demasiado enérgico y no se queda quieto encima del cambiador? Quizás no haga falta que te pelees con él. Lo más importante es que tenga las manos ocupadas para que te deje cambiarle sin problemas. Un buen método es cantarle una canción en la que tenga que mover las manos para escenificarla. Si se concentra en el movimiento de las manos, estará entretenido. Una estupenda canción para poner en práctica este método es *Pin pon*. Para aquellos que no os la sabéis, vamos a transcribirla:

> Pin pon es un muñeco
> con cuerpo de algodón,
> se lava la carita
> con agua y con jabón.
>
> Se desenreda el pelo,
> con peine de marfil,
> y aunque se da tirones
> no llora ni hace así.
>
> Apenas las estrellas
> comienzan a salir,
> Pin pon se va a la cama
> se acuesta y a dormir, a dormir.

56

¡Distraer!

Aunque tu hijo es ahora mucho más listo que cuando era un bebé, aún puedes distraerle para evitar problemas. Imagina que tu hijo se está cansando de esperar que lleguen sus primos para jugar con ellos. De repente, decide que quiere sacar la pintura de dedos, una actividad que requiere que se ponga ropa vieja, que le supervises y tener que recoger después. Se está poniendo muy pesado y tus continuas negativas están haciendo que se enfade. Una opción sería utilizar algunas técnicas de distracción.

Quizás se olvide de la pintura de dedos si empiezas a saltar y gesticular como un mono. Mientras le persigues por toda la casa, dile: «Soy el mono de las cosquillas y voy a por ti». Por supuesto, tendrás que perseguirle, hacerle cosquillas y seguir siendo un mono o cualquier otra fascinante criatura que se te ocurra un rato, pero te habrás ahorrado una rabieta y tu hijo estará de buen humor cuando lleguen sus amigos.

Como a mí me gusta hacer un poco el tonto, utilizo las distracciones todo el rato. Funcionan muy bien en situaciones en las que sería fácil enfadarme. Si quiere galletas en el supermercado, de repente, me vuelvo un poco sorda: «¿Que quieres qué? ¿Malletas? ¿Qué son las malletas? ¡Ah! ¡Talletas! ¡Ah, mira! ¡Tienes talletas en el pelo!». Cuando hayáis terminado de jugar a las «talletas», estaréis lejos de las tentadoras galletas. Pon caras divertidas. Simula que no sabes hacer algo y hazlo mal mientras le pides al niño que te ayude. Tuck se parte de la risa cuando me olvido de dónde están los calcetines y resulta que los llevo en las orejas, o no sé cómo se pone la mesa y coloco los vasos y platos bocabajo. Imito la voz del oso Yogui (o de algún otro personaje que le guste). Un niño que no haga caso si su mamá le dice que es hora del baño, puede que obedezca a su personaje favorito. También puedes convertirte en su animal preferido o utilizar una muñeca o peluche como marioneta, cambiando la voz.

Si tu hijo empieza a aburrirse en el coche, haz ruidos sorprendentes e inesperados. Canta su canción favorita como si fuera una zarzuela o recita el alfabeto con las letras desordenadas (sólo pensará que es divertido si se sabe el abecedario). Utiliza los mandos del coche para subir y bajar su ventanilla. Pon una de sus muñecas al volante y dile que está conduciendo el coche... ¡Utiliza la imaginación!

57

Olvidarse de controlar (a veces)

La raíz de los enfrentamientos entre padres e hijos pequeños suele estar en el control. Mientras para un niño más mayor es normal tener cada vez más control sobre sus circunstancias, para uno pequeño el control es como una droga. Una vez que tienen un poquito, harán lo que sea para conseguir más. Puede que, de repente, estos niños dejen de comer, de sentarse en la silla del coche, de ponerse la ropa que dice su madre, o de hacer cualquier cosa que se les diga.

Si esto te resulta familiar, quizás estés intentado controlarle demasiado. A veces, los niños pequeños se obsesionan con el control cuando no se les da el suficiente. Aunque un niño necesita que se le impongan con firmeza ciertos límites para su adecuado desarrollo, también necesita que sus deseos se respeten y hasta que se le garanticen. Por supuesto, dar demasiado control a un niño pequeño también puede traer problemas. El truco parece ser eludir los enfrentamientos directos; dejar a tu hijo el control sobre los detalles y que tú lleves la voz cantante. Shimm y Ballen dicen: «Un niño se sale de los límites impuestos no para enfadarte, sino para establecer su independencia. Por lo tanto, debes ser un dictador benévolo; cuando impongas una regla, dale parte del poder».

Según el Dr. Sears, los padres que controlan demasiado a sus hijos es porque piensan que son unos manipuladores:

> Esta situación crea una relación negativa entre padre e hijo y lleva a confundir el cuidado con el control. El autoritarismo crea un distanciamiento por dos motivos: Se basa en el castigo, el cual provoca un sentimiento de odio en el niño, que se aleja de su padre y queda privado de un desarrollo familiar adecuado. Mientras que los padres disciplinarios observan a su hijo para llegar a conocerlo mejor, los controladores piensan que esta actitud merma su autoridad y no creen que sea necesario para el aprendizaje de la disciplina. Debido a que los padres autoritarios no ven a los niños como personas con una individualidad, este modelo de paternidad rara vez saca lo mejor de ellos y no permite descubrir si detrás de esa mano dura se esconde un corazón tierno.

58

Prepararse para el primer corte de pelo profesional

Esperar que un niño pequeño esté quieto y entretenido durante el primer (o segundo o tercer) corte de pelo en la peluquería es poco realista. Intenta prepararle con antelación, leyéndole libros sobre ir al peluquero o cortándote un mechón de tu cabello y diciéndole que no te dolió. Explícale cómo el pelo vuelve a crecer, con fotos suyas cuando era un bebé pelón y cuando era más mayor y tenía el pelo largo. Juega a cortarle el pelo; para ello, siéntale en una silla y utiliza los dedos como tijeras. Luego, deja que te corte el pelo a ti. Si crees que se estará quieto, llévale al peluquero cuando tu marido tenga que cortarse el pelo. Charla amistosamente con el peluquero para que tu hijo vea que es una experiencia agradable.

Cuando llegue el gran día, intenta ir a alguna peluquería donde tengan juguetes para niños. Es mejor que le laves el pelo antes de ir, porque puede asustarse si tiene que echar el cuerpo para atrás en una silla extraña. Así, el peluquero sólo tendrá que humedecerle el cabello.

Siéntale en tu regazo si está asustado. Alguno niños reaccionan mejor si ven en el espejo lo que está sucediendo, pero a otros les aterra. Sé comprensivo con él y no te sientas avergonzado, los que trabajan en la peluquería están acostumbrados a ver esto. No menosprecies sus miedos, pero tampoco hagas que parezca algo importante. Si te pones nervioso, tu hijo pensará que tienes miedo y será peor. Mantente sonriente todo el tiempo hasta que el estilista acabe su trabajo. Entonces, dile que se ha portado muy bien y que la próxima vez estará menos asustado.

59

Aprender a enfrentarse a una zona de destrucción

Los niños destruyen cosas, rompen libros, vasos, pintan en la pared, atascan el baño... Pero no suelen hacerlo por maldad. A menudo, lo que parece un acto de destrucción empezó siendo un mero experimento: «Me pregunto qué pasará si tiro este teléfono contra la pared...».

Incluso si «no tirar cosas» entra dentro de las normas de comportamiento para tu hijo, es muy confuso para él, pues se pregunta por qué puede tirar ciertos juguetes y pelotas (e incluso almohadas, si tu casa es realmente divertida) pero no algo más duro. ¿Cómo le explicas a tu hijo pequeño qué es «algo más duro»? Y si no le dejas que tire las cosas muy alto, ¿cómo defines a partir de qué altura es muy alto o peligroso? Debes reconocer que tus reglas, claras y concisas para ti, a veces pueden ser demasiado sutiles para tu hijo.

Si crees que tu hijo está realizando un experimento educativo, corrige su comportamiento, explicándole causa y efecto. Pero un acto destructivo deliberado requiere otro tratamiento completamente distinto. Algunas veces, un niño hace daño a propósito para liberar la tensión por no haberle dejado hacer algo que quería hacer o haberle interrumpido mientras lo hacía. En ese caso, un periodo de tiempo muerto le ayudará a controlar sus impulsos de destrucción. En un momento en que esté más tranquilo, enséñale cómo hacer para liberar mejor la tensión.

Por supuesto, siempre existe la posibilidad de que tu hijo esté actuando así para llamar tu atención. Si es así, préstale más interés, diciéndole lo contento que estás con él cuando es bueno y minimizando tus reacciones cuando se porta mal. Recuerda: cualquier tipo de reacción es bienvenida por un niño que quiere atraer tu atención.

6o

Tener las comidas en paz

Un niño feliz es aquel del que no se espera que tenga modales más exquisitos de los que le permite su desarrollo natural. No insistas en que tu hijo permanezca sentado en una trona durante una interminable comida si ha demostrado en repetidas ocasiones que la odia. No hay ningún problema en que se ponga de cuclillas en una silla si es lo que quiere. Tampoco pasa nada porque se levante y corra durante la comida, mientras vuelva regularmente al plato. A algunas familias les ha funcionado muy bien poner una mesa y una silla del tamaño de su hijo junto a la de los adultos. Así puede ir y venir cuando quiere y, al final, acaba comiendo más.

Son frecuentes las peleas entre los hijos, que quieren hacer su voluntad, y sus preocupados padres. Pero si dejas a tu hijo solo, comerá lo que necesite. Tu trabajo consiste solamente en darle la *oportunidad* de que tenga una alimentación sana y variada. Algunas veces, un niño pasa por una fase de carbohidratos o sólo quiere comer hamburguesas durante una semana seguida. Consiéntelo todo lo que puedas. Según la *American Academy of Pediatrics*, un niño tiene satisfechas sus necesidades nutricionales con comer un poco de cada grupo de alimentos cada dos o tres días.

El Dr. Sears dice:

> No utilices la comida como herramienta de control. Nunca fuerces a un bebé o a un niño a que coma. Si quieren, abrirán bien la boca o la tomarán directamente. Lo que tienes que hacer como padre es proporcionarle comida sana; lo que tiene que hacer tu hijo es comérsela. No le persigas con la cuchara ni utilices la amenaza de que se quedará sin postre para que se acabe el plato principal. («Si no te comes los garbanzos, no habrá tarta»). Ni siquiera hables de lo mal o bien que ha comido tu hijo. No digas nada, se trata de su estómago, no del tuyo.

Si te preocupa de verdad que tu hijo coma, olvídate un poco de lo que dicen las normas de educación sobre cómo y dónde se debe comer. Quizás tu hijo quiera comer, pero no tenga tantas ganas como para sentarse a la mesa. Cuando Tucker no muestra ningún interés en cenar con nosotros, a veces me siento en el suelo con él y le doy de comer mientras jugamos con sus juguetes. De esta manera come mucho más; está más contento y yo creo que ya habrá tiempo de enseñarle modales cuando sea más mayor y aguante más tiempo sentado a la mesa.

61

Mantener la calma ante comentarios embarazosos

«¡Qué mujer tan gorda!». «Esa señora es vieja». «¿Por qué ese señor es negro?». Los niños dicen las cosas como las piensan. Si la persona a la que se refiere tu hijo le ha oído, contesta rápidamente, por ejemplo: «Hay gente de diferente aspecto, formas, colores y tamaños y ser diferente es bueno, porque así cada uno somos alguien especial».

Entonces, RÁPIDAMENTE, cambia de tema a lo más fascinante que se te ocurra para que tu hijo no empeore la situación con más preguntas. Cuando estéis solos, aparte de la explicación anterior, coméntale que decir que una persona está gorda puede hacer que se sienta mal, por lo que debe aprender a hablarte en voz baja cuando quiera contarte cosas de la gente que ve.

No te alteres ni castigues a tu hijo por hacer una observación objetiva, porque no se ha dado cuenta de que podría avergonzarte. Puesto que está acostumbrado a compartir sus comentarios contigo, y como probablemente te guste que lo haga, explícale que siempre puede contarte lo que piense de la gente, pero que es más divertido que te lo diga en bajito para que sólo tú puedas oírlo.

Es una buena idea leer a los niños historias sobre otras culturas o sobre gente con discapacidades. No importa que observe las diferencias, sino que las acepte sin intolerancia. Si los adultos con los que pasa la mayor parte de su tiempo no tienen prejuicios, es bastante improbable que tu hijo los adquiera.

62

Prevenir los gimoteos

Yo personalmente odio oír a un niño gimotear. Prefiero que un niño llore desconsoladamente a que se pase todo el rato gimoteando. Con un poco de suerte, no tendrás que oír a tu hijo gimotear habitualmente. Tu mejor arma para conseguirlo es que siempre esté razonablemente descansado y alimentado, ya que un niño que tiene sueño o hambre suele ponerse empachoso enseguida.

Lo siguiente es que tu hijo esté entretenido, lo cual no quiere decir que siempre estés a su lado ni que tengas que comportarte como un payaso de circo. Pero si quieres que se siente en el suelo mientras lees el periódico un rato, al menos saca algunos de los juguetes que más le gusten o unos zapatos tuyos para que se los ponga o cualquier otra cosa que no haya visto ya un millón de veces.

Cuando Tucker empezó a gimotear, aunque no estaba muy segura de que me entendiera, le dije lo que pensaba: «Cuando hablas así, me duele la cabeza. Y me entran ganas de decirte que no a todo lo que me pidas. Si me lo pides con voz normal, tendré ganas de decirte que sí». Mi hijo necesitó que se lo recordara de vez en cuando, pero es bastante raro que ahora se ponga a gimotear.

Lo más importante es que escuches a tu hijo cuando intenta comunicarse contigo. Los niños gimotean muchas veces porque se sienten frustrados cuando no se les escucha. Y sobre todo, no te desesperes; este método para evitar los gimoteos no es infalible, pues un niño es un niño.

63

No quejarse

Es increíble cómo muchos padres se quejan del comportamiento de sus hijos y les gritan: «¿Quieres dejar de gimotear, POR FAVOR?». Suplicar a un niño para que deje de gimotear no sirve de nada porque no entiende lo que le dices. Además, utilizar el mismo tono de voz enfadado que estás intentando corregir no tiene sentido para tu hijo. En lugar de eso, averigua lo que debes hacer en seguida. Si tu hijo gimotea porque quiere que le pongas un vídeo que le has prometido e ibas a hacerlo en cuanto terminaras de doblar la ropa, déjalo un momento y ponle el vídeo. De lo contrario, tendrás que aguantar un buen rato de gimoteos.

Si, por el contrario, se produce por algo a lo que ya le has dicho que no, no claudiques bajo ningún concepto. Los gimoteos, como las rabietas, deben corregirse, así que sigue la regla de oro: un NO una sola vez y un NO es siempre un NO. Nunca recompenses un comportamiento que quieres modificar. A veces, necesitarás una voluntad de hierro, pero debes ser fuerte. También habrá ocasiones en las que tengas tantas ganas de que tu hijo deje de gimotear que harás cualquier cosa para no oírlo. Pero, ¡no te rindas! Si crees que te has equivocado y deberías haberle dicho que sí, no cambies de parecer; ya habrá oportunidad de decirle que sí.

Mi amiga Carol cuenta el éxito que tiene con la técnica de la sordera temporal. Si su hija se pone a gimotear, Carol le dice: «Uhh, no oigo nada de lo que dices. Sólo te oigo si hablas con voz agradable». Si siempre utilizas este método y el niño no está muy enfadado, gimoteará en menos ocasiones, pero si el niño es muy sensible, puede ser contraproducente.

Si utilizas esta técnica y el niño repite lo que te pedía con voz suave, hazle caso y dale lo que quiere, si no va en contra de ninguna negativa establecida con anterioridad. Si no puedes obedecer a sus deseos, tendrás que explicarle claramente que te gusta cómo te ha pedido las cosas pero que, desgraciadamente, no puedes hacer lo que te pide. Intenta ofrecerle una buena alternativa, de manera que esté motivado para pedirte las cosas de la forma que tú quieres.

El Dr. Sears ofrece esta otra sugerencia:

> Habla y distrae a tu hijo con alguna cosa que le interese cuando esté gimoteando: «Oh, mira estas flores. Vamos a ver cómo huelen». Así, haces saber a tu hijo que no te importa que gimotee.

Si sigue, vuelve a decirle a tu hijo lo poco que te gusta que hable así, sin llegar a burlarte de él. No lo hagas cuando los dos estéis alterados. Debes decírselo con calma. Cuando tu hijo aprenda que gimotear no le sirve de nada, se le pasará.

64

Comprender los enfados de tu hijo

Es normal que nos enfademos, a todos nos pasa y, como ya sabemos, los niños pequeños son como nosotros pero sin nuestros mecanismos aprendidos de control, por lo que nos muestran sus enfados con mucha frecuencia. Es importante que tu hijo sepa que no hay ningún problema en que se sienta enojado y en que exprese su enfado.

Pero si esto significa que se dedica a pegar a otros o a romper cosas, debe aprender que no vas a tolerar este tipo de reacciones. Ayúdale a utilizar las palabras necesarias para expresar lo que siente. Lo más importante es que no te enojes tú también, pues lo único que conseguirás es que aumente su cólera y os dure más el enfado a los dos. El Dr. Sears dice:

> No dejes que tu hijo se guarde sus enfados. Anímale a que reconozca cuándo está enfadado desde pequeño. Escúchale con atención, ayudándole a hablar de sus sentimientos. Si ve que tienes ganas de escucharle para ayudarle y no para juzgar su comportamiento, tu hijo se acostumbrará a desahogarse.

65

Desarrollar la imaginación

«Mami, perrito. Yo, gatito». Siguiendo los deseos de tu hijo, te echas al suelo, ladras, andas a cuatro patas durante un rato y crees que ya has cumplido. Pero para tu hijo, el gatito, no es suficiente y él sigue lamiéndose la mano y maullando una hora más, esperando que tú sigas en tu papel. La mayoría de los padres reconocen la importancia de la imaginación en el desarrollo de sus hijos, pero a la mayoría de los adultos les resulta difícil seguirles el juego.

¡Debes olvidarte del sentido del ridículo! Si has decidido jugar con tu hijo un rato, disfruta a tope. Intenta involucrarte de verdad en tu papel. No te lo pasarás bien si sigues pensando en otras cosas y no aprovechas este momento para relajar la mente. Si te aburres de hacer de perro, dile a tu hijo que te has convertido en un león, lo cual no le importará mientras sigas jugando con él. También puedes utilizar el juego para realizar algo que tuvieras que hacer con él, por ejemplo, los perros y los gatos tienen que comer, así que echa un poco de comida para mascotas en un cuenco (los restos de la cena de anoche troceados serán perfectos). Quizás el perro y el gato tienen pulgas y necesitan darse un baño. Mientras le sigas la corriente, a tu hijo le encantará hacer lo que le digas. Ni te imaginas la cantidad de tardes que me he pasado siendo Bambi, el oso Yogui o la Sirenita.

También puedes divertirte con otro tipo de juegos; simplemente, usa tu imaginación. Escenifica una aventura con los muñequitos de tu hijo; enséñale cómo caminan, se saludan, saltan; invéntate conversaciones entre ellos y verás lo pronto que tu hijo empieza a hacer lo mismo él solo. Diviértete, el juego es una estupenda terapia contra el estrés. Incluso si tu hijo se lo está pasando bien, disfrutará aún más si ve que tú te estás divirtiendo. Además, observar cómo ejercitas tu imaginación actuará como detonante para que él empiece a inventarse sus propias aventuras. Cuanto más te involucres en este tipo de juego, antes estará jugando solo.

66

Hacer turnos

Si tu hijo quiere jugar al mismo juego una y otra vez y ya estás aburrido, puedes aprovechar para enseñarle a hacer turnos. Utiliza un cronómetro para jugar a lo mismo otros 10 minutos más y dile que cuando se acabe el tiempo, mamá elegirá el juego. Debes incluirle en tu juego y hacerlo divertido aunque se trate del juego de «sacar el lavavajillas». Sé justo con el cronómetro y cuando le toque a tu hijo, déjale que elija el siguiente juego. Debes ser perspicaz y elegir actividades que sean entretenidas para tu hijo; si no, no te dejará elegir. En el mercado existen algunos vídeos de ejercicios para niños pequeños que una madre con imaginación puede aprovechar para mantener la línea. Resulta mejor si eliges vídeos para niños que para adultos. A Tucker y a mí nos encanta practicar yoga juntos con su vídeo de yoga para niños (puedes encontrar este tipo de vídeo en www.livingarts.com, www.amazon.com o www.fnac.es).

67

Avisar antes de cambiar de actividad

Los niños pequeños necesitan un tiempo de transición antes de cambiar de actividad. Si el doctor está practicando una operación en su conejito de peluche, no le gustará tener que ir a la mesa a cenar «ahora mismo». Pero si le avisas con cinco minutos de antelación, podrá terminar la extirpación de apendicitis y dejar que el enfermo se recupere de la anestesia mientras él se come unas varitas de merluza. Puedes facilitarle aún más el cambio si invitas a su paciente a cenar, seguro que se recupera antes.

Recuerda que tu hijo no tiene claro el concepto de tiempo. Tiene una vaga noción de lo que es la hora de la cena, de lavarse los dientes o de irse a la cama, pero poco más. Imagínate cómo te sentirías si estuvieras haciendo algo entretenidísimo y te dijeran: «Hay que ir a comprar, ¡ahora! ¡Levántate, métete en el coche y vete!». Los adultos tenemos cierto control sobre el ritmo al que hacemos nuestras propias actividades. Si avisas a tu hijo de las cosas que van a pasar, no sentirá que le estás imponiendo algo y es menos probable que oponga resistencia.

Una cosa que es especialmente difícil para un niño es irse de la casa de un amigo. Yo tengo la sospecha de que quiere quedarse por los fantásticos juguetes nuevos que hay en la casa que por estar con su amigo. Si tenéis que iros y tu hija está disfrutando como nunca con una casa de muñecas, dile: «Parece que te lo estás pasando muy bien. Juega cinco minutos más y nos vamos a casa». Entonces, cuando haya pasado el tiempo acordado, mírale a los ojos y dile: «Es hora de que nos vayamos. Di adiós a la casita».

Por supuesto, habrá veces en las que los avisos no surtirán efecto y tu hijo se resista de todas formas. A lo mejor puedes arreglarlo sugiriendo que se lleve algún juguete. «Tenemos que ir a por tu hermana, pero ¿por qué no te traes a Pin y Pon? Puedes seguir jugando con ellos en el coche». O bien: «Quizás a tu muñeca Maisy le guste ver cómo te lavas los dientes».

68

Hablar, hablar, hablar

Recuerda que tu hijo comprende mucho más de lo que pudieras pensar a juzgar por lo que es capaz de hacerse entender. Los niños suelen utilizar lo que podríamos llamar un lenguaje real alrededor de los dos años. Es una etapa realmente divertida porque si pasas el tiempo suficiente con tu hijo, pronto aprenderás su lenguaje como para tener una increíble conversación bidireccional. Resulta emocionante observar cómo van surgiendo sus asociaciones, sólo tienes que escuchar, lo que parece una jerga ininteligible sigue una progresión lógica.

Los bebés aprenden a hablar escuchándote. Probablemente solías contarle muchas cosas a tu hijo cuando todavía no entendía y antes de que empezara a repetir todo lo que dices como un loro. Algunas veces es tentador imitar a tu hijo y empezar a repetir las cosas como las dice él. Como tienes tantas ganas de comunicarte con tu hijo, adoptas su lenguaje. Aunque hacerlo es normal, y hasta divertido, recuerda que no ayuda a desarrollar la capacidad de habla de tu hijo.

Primero, no necesitas hablar como él para que te entienda, porque ya lleva tiempo comprendiendo lo que dices, o no habría aprendido lo que sabe. En segundo lugar, el desafío de aprender palabras nuevas es lo que motiva a tu hijo a hacer sus progresos. Necesitas ser claro y conciso cuando es importante que te comprenda bien, como en cuestiones de disciplina, pero también puedes aumentar, poco a poco, su vocabulario.

Haz observaciones cada vez más detalladas y descriptivas, hablándole siempre con un registro ligeramente superior al que crees que entiende. Te sorprenderá ver lo rápidamente que aumenta su nivel de comprensión.

Describe las cosas con su tamaño, forma y color como parte normal de cualquier conversación. Hazle muchas preguntas y no te sientas decepcionado por sus respuestas, porque con el tiempo se harán más precisas y detalladas.

No te preocupes cuando tu hijo pase por la fase de hablar solo, no es que esté loco; probablemente no distingue bien entre pensar y hablar. Presta atención y verás cómo funciona su mente. Todos hablamos para nosotros mismos, pero los adultos estamos acostumbrados a hacerlo en silencio. A los niños les da igual que los demás piensen que están locos, les sale de forma natural.

69

Elogiar y animar, pero en su justa medida

Existe mucha controversia sobre si los padres deben elogiar a sus hijos. Algunos expertos defienden que no se les debe alabar por los logros obtenidos, sino que es mejor para los niños que ellos mismos descubran la satisfacción de un trabajo bien hecho. Otros dicen que un padre debería elogiar a su hijo sólo en su justa medida, para que se sienta orgulloso de sí mismo. Otros entendidos dicen que los padres deben utilizar halagos para aumentar la seguridad de su hijo; pero otros advierten de que un niño puede no aprender cómo juzgar objetivamente sus actividades si se le elogia demasiado. Piensan que decirle a un niño que es «el mejor» en algo puede despertar en él sentimientos de competitividad más adelante, creando un ser perfeccionista que no es feliz a menos que se demuestre de verdad que es el mejor en lo que hace, es decir, mejor que nadie de su entorno.

Quizás el punto medio de este controvertido consejo sería elogiar al niño con frecuencia, pero SÓLO si ha hecho algo realmente bien. Si está intentado dibujar un caballo y no tiene nada que ver con un equino, es mejor que le digas algo como: «Me encantan los colores que has utilizado». Si quiere quitarse la camiseta y no puede, creo que es mejor que le digas: «Te has quitado muy bien los pantalones y los calcetines y has estado a punto de conseguir quitarte la camiseta». Si no suele tener problemas al desvestirse, puedes añadir: «Sé que puedes quitarte la camiseta tú solo cuando no estás tan cansado como hoy».

Observa a tu hijo y él te dará las pistas que necesitas. Si le incomodan los elogios que le dices, deja de hacerlo, si no puede llegar a infravalorar tus comentarios. Por el contrario, si tu hijo parece estar buscando tu aprobación siempre, quizás necesites decirle más halagos.

Alaba siempre la acción, no a la persona. Cuanto más concreto sea tu elogio, más sentido tendrá para tu hijo y más probable será que repita el comportamiento. Dile: «¡A mamá le gusta mucho cuando comes tan bien como hoy!» o bien: «Creo que ha sido estupendo que hayas compartido tus juguetes con Ethan». Elogiar sus manualidades, su torre de construcción, cómo reconoce las letras o los colores le ayudará a mejorar su autoestima, pero *tú* también te verás beneficiado porque tu hijo sentirá deseos de repetir esos *comportamientos*.

No seas pesado, pero sí constante. Es más difícil elogiar una buena conducta que criticar una mala. Sin embargo, las críticas afectan menos a los niños que los halagos, así que procura ensalzar siempre los buenos comportamientos.

Tus elogios deben coincidir con el nivel de entusiasmo de tu hijo. Si se te acerca a decirte orgulloso que ha limpiado su habitación, se merece que compartas su alegría. Pero si está pintando y deja su dibujo encima de la mesa para ponerse a hacer otra cosa, no tiene sentido que lo alabes. Si elogias demasiado a tu hijo, tus cumplidos perderán parte de su valor y si no eres sincero, tu hijo lo notará y perderá su confianza en ti.

Te recomendamos este ejercicio que propone el Dr. Sears: «Escribe las veces que elogiaste y criticaste a tu hijo en las últimas 24 horas; si las críticas superan a los elogios, estás educando a tu hijo de una forma poco adecuada».

70

Enseñar, de forma divertida, a modular la voz

Los niños son ruidosos, especialmente cuando no quieres que lo sean. A algunos padres les incomoda que sus hijos griten en lugares públicos, mientras que a otros parece no importarles que molesten a los demás. Sea cual sea tu caso, aquí tienes un consejo para controlar el volumen de tu pequeña estrella del *bel canto*.

Utiliza este juego: cuando estés en casa, pide a tu hijo que hable en voz baja y en voz alta. Descríbele los sitios en los que es mejor hablar en voz baja, y deja que te ayude a hacer una lista: restaurantes, la biblioteca, la casa de algún amigo que no tenga hijos... Después, nómbrale aquellos lugares donde se puedan dar gritos o hablar en voz alta, como el parque, el patio o la piscina. Dependiendo de las normas de tu casa, también puedes aprovechar para decirle que se puede gritar en la bañera y en su habitación, o bien que no hay problema en hacerlo en cualquier lugar de la casa menos a la hora de la cena.

Después de hacer la lista, repásala con él utilizando la voz adecuada para cada sitio. Haz que sea divertido, dando gritos o hablando en susurros según venga al caso. Practicadlo varios días mientras él disfrute con el juego.

Luego, la próxima vez que vayáis a un restaurante, dile: «Se me ha olvidado, ¿cómo se hablaba aquí?». Tu hijo estará orgulloso de demostrar lo que sabe. Si empieza a hablar alto, pregúntale: «¿Estamos en el parque? ¿Estamos en la piscina?». Esta tontería le recordará el juego y es más probable que baje la voz que si le dices tajantemente que se calle.

Si esto falla y tu hijo está a punto de empezar a dar gritos (de alegría o de enfado), habla en susurros, con una voz suave y calmada. A lo mejor deja de gritar sólo para poder escucharte. Si está enfadado, anímale a que te cuente qué le preocupa, pero no intentes razonar con él, sólo muéstrale tu comprensión. Susúrrale que sabes que lo que le pasa es difícil. Intenta acercártelo, pero si no se deja, quédate con él hasta que cambie de parecer.

71

Aceptar sus ofertas de ayuda, incluso si no sirven de nada

Ayudar a hacer cosas de adultos hará que tu hijo se sienta más mayor e importante. Aunque permitirle que te «ayude» puede significar más trabajo para ti al principio, con el tiempo irá aprendiendo. Los niños normalmente quieren ayudar en lo que sea, pero hay ciertas tareas que les resultan más asequibles y fáciles de realizar. Si dice que quiere ayudarte a limpiar, déjale. ¿Quién sabe? Puede que se le dé muy bien limpiar el polvo, barrer o recoger cosas. Por ejemplo, es fácil para un niño pequeño vaciar el cesto de los cubiertos del lavavajillas y colocarlos en un cajón. A Tucker, con dos años y medio, se le daba muy bien ordenar cucharas, tenedores y cuchillos limpios en sus compartimentos.

Otras cosas en las que le encantaba ayudarme era buscar mis zapatos cuando íbamos a salir o sujetar la puerta al entrar con la compra. Sé que estos encargos aumentaban su confianza y que sentía que hacíamos unas cosas fascinantes cuando estábamos juntos. También puedes leerle a tu hijo algunos de los libros que existen en el mercado en los que se alecciona a los niños a que ayuden a sus padres.

72

Compartir la diversión de hacer la colada

Tuck se pone contentísimo cuando oye la palabra «colada». Corre a su habitación a por un cesto y lo lleva donde tenemos la lavadora. Yo traigo el resto de la ropa sucia y le siento en la secadora, al lado de la lavadora. Gira los botones, echa el detergente y mira cómo sale el agua. Para que le resulte más entretenido, le arrojo la ropa para que la agarre, porque sabe que tiene que meterla en la lavadora. Más tarde, le paso la ropa húmeda para que la meta en la secadora y la encienda. Y a continuación: ¡el gran momento! Sacamos la ropa de la secadora y la echamos en el cesto, lo llevamos al comedor y tiramos la ropa y las sábanas limpias al suelo. ¡Es tan agradable echarse encima, oliendo a suavizante!

A mi hijo le entusiasma ayudarme a doblar la ropa, algo que resulta muy sencillo para los niños. A ti te sirve de ayuda y a ellos les viene bien para su ego. Para enseñar a tu hijo cómo se hace, dile algo así: «Agarra los picos de abajo. Súbelos con sus amiguitos de arriba. Este pico le dice al otro '¡Hola!' y éste de aquí le dice a este otro '¡Buenos días!'. Lo doblamos bien y ahora, estos picos de aquí quieren ir a saludar a sus amigos de este otro lado, así que los unimos...».

Ordenar los calcetines también puede ser muy educativo. Ponlos en un solo montón y dile a tu hijo que busque las parejas. Existen muchas posibilidades de juegos, como pedirle que divida las cosas por colores, o que separe la ropa interior. Cuando todo esté doblado, puede colocarlo en grupos según a quien pertenezcan. Cuando acabamos, mi hijo usa un camión para dejar cada cosa en la habitación correspondiente.

73

Animarle a que se vista solo

Sé que es más rápido que tú vistas a tu hijo, pero si empieza a mostrar síntomas de querer hacerlo sólo, debes dedicar algo de tiempo a que aprenda. La mayoría de los niños se sienten muy orgullosos de lograr cosas de niño mayor.

Enséñale a distinguir la parte delantera de la trasera buscando la etiqueta. Si, como a mi hijo Tucker, hay que cortárselas porque le molestan, utiliza un marcador indeleble para señalar la parte de atrás de las camisetas o los vestidos. Si tienes problemas para saber de cuál de tus hijos es algún artículo, escribe el nombre del niño por dentro. También puedes dibujar una estrella o algún otro símbolo que le guste a tu hijo. Si quieres aprovechar para que empiece a reconocer las letras, pon una E de espalda. Con la ropa interior, si es un niño, puedes explicarle que la abertura va hacia delante y si es una niña, puedes comprarle braguitas que tengan un dibujo en la parte delantera o también hacerle una señal.

Aunque no pueden resistirse a no intentar usarlos, los niños suelen tener muchos problemas con cremalleras, botones, automáticos, lazos, velcros, etc. Existen muchos libros con muestras reales para practicar, pero te recomendamos que los pruebes primero, porque a veces están más fuertes que en la ropa de verdad. Si no puedes encontrar ningún libro o juguete adecuado, deja a tu hijo que pruebe con ropa tuya o suya. También puedes ponerle una chaqueta o un traje a un oso grande para que juegue a desabrocharle.

Para los botones y automáticos, puedes explicarle a tu hijo el truco de ir de abajo a arriba. Enséñale a empezar por el botón inferior y después el que esté un poco más arriba hasta llegar al botón superior. Enséñale a que se separe la cremallera al abrocharse (¡especialmente si es un niño!). Los zapatos suelen ser los más complicados y lo que más tardan en aprender a abrocharse solos. Un niño cree que el zapato apropiado para el pie que quiere calzar es el primero que saca del armario. Ayúdale a diferenciar el derecho del izquierdo usando el marcador indeleble; puedes pintar dentro del zapato para que tu hijo lo vea con facilidad. Explícale que el dedo gordo debe pasar por el dibujo para llegar a la puntera del zapato. También puedes dibujar un pie dentro del zapato con un dedo gordo muy grande, para que sepa en qué parte debe ir. Algunos zapatos soy muy útiles para aprender porque tienen dibujos en los laterales exteriores.

74

Enseñar a tu hijo a dar y recibir cumplidos

Un indicativo de autoestima en las personas de cualquier edad es la habilidad de hacer cumplidos sinceros a los demás y de aceptarlos con alegría. Los hábitos adquiridos en la infancia suelen perdurar mucho tiempo, por lo que deberías felicitar a tu hijo sincera y frecuentemente. Intenta hacerlo por cosas en las que tu hijo probablemente esté de acuerdo contigo, en lugar de centrarte exclusivamente en «mejorar» su confianza en habilidades en las que no destaque.

No necesitas enseñarle a hacer cumplidos; es suficiente con que lo demuestres en la práctica diaria. Si lo haces así, el mérito será tuyo la próxima vez que oigas cómo le dice al vecino: «¡Qué bien has tirado la pelota!».

Aprender a *aceptar* los cumplidos es mucho más sencillo para tu hijo si te ve hacerlo habitualmente. Si desprecias los comentarios agradables que te dirijan, tu hijo hará lo mismo. Lo mejor es que hagas un análisis de tu propio comportamiento hacia los demás para ver cómo actuará tu hijo.

75

No explayarse

No soporto a esos padres que se pasan el día diciendo lo horribles que son sus hijos. No sirve de nada para mejorar su comportamiento y, además, daña tanto la autoestima del niño que no tendrá ninguna motivación para portarse mejor. Los niños responden mejor a las órdenes si sus seres queridos se las dan de forma tranquila y constante. Si necesitas corregir el comportamiento de tu hijo, no seas pesado ni le expliques cómo tiene que hacerlo. Detenlo de forma inmediata y firme. Si está pegando a alguien con un juguete, quítaselo sin dar voces. Si está haciendo algo que no debería y no para, aplícale un tiempo muerto. No le grites, le castigues, ni le prestes excesiva atención, detén ese comportamiento en seguida con un gesto de aburrimiento.

Si llora o patalea, lo cual es bastante probable, sé amable, pero no te apiades de él. Dile que puede enfadarse y llorar si quiere y sigue con lo que estuvieras haciendo, pero explícale que puede estar contigo cuando se le pase.

A mí me encanta este ejemplo que pone John Rosemond en *Making the 'Terrible' Two's Terrific!*:

> No utilices 50 palabras si te basta con cinco... un niño de dos años subiéndose a una mesa entenderá un «¡bájate!» dicho con voz firme, pero no comprenderá nada si le dices: «Cariño, bájate de la mesa porque si te caes, te harás daño y tendremos que llevarte al hospital y mamá se pondrá muy triste porque no le gusta ver a su niño llorando, ¿vale?».

> En el último caso, el niño sólo oirá: «bla, bla, bla, mesa, bla, bla, bla, hospital, bla, bla, bla, mamá...» y entenderá lo que le parezca.

Después de corregir el comportamiento en cuestión, dale una razón simple y directa para tu orden, como «Subirse a una mesa es peligroso».

76

Saber cuándo NO decir «por favor»

Utilizar «por favor» y otras expresiones de cortesía es la mejor forma de que tu hijo las use. Si no habéis reñido y le pides a tu hijo que te ayude a hacer algo, dile: «Por favor, dame esa taza». Este es el modo correcto de enseñarle a utilizar las palabras «por favor».

Pero esta expresión no la debes utilizar cuando estés recriminando algo a tu hijo. Imagínate que le pides que se siente a cenar y te dice desafiante: «¡No, quiero jugar!». Ni se te ocurra iniciar un diálogo del tipo: «Venga, por favor, ven a la mesa. Se te va a enfriar la cena si no vienes ahora mismo. Mamá te ha hecho tu comida favorita. Sé un niño bueno, etc., etc.». Lo que tu hijo ve es que tiene toda tu atención por un momento. Su mamá quiere que vaya, pero está admitiendo que no puede con él, lo cual es un gran logro. A tu hijo le parece tan increíble que seguirá jugando.

En vez de eso, dile «Es hora de cenar, Timmy. Lávate las manos». Si Timmy dice que no, pon el cronómetro dos o tres minutos y dile que puede seguir jugando hasta que suene. (Si es un problema recurrente, tendrás que empezar a avisarle antes de poner la mesa).

Si el cronómetro suena y sigue sin hacerte caso, quítale los coches tranquilamente y dile que es hora de cenar. Si se pone a gritar o llorar, dile que le ayudarás a lavarse las manos cuando esté listo. Sigue cenando y deja que se le pase el disgusto hasta que se canse y quiera sentarse a la mesa con los demás. Cuanto menos consiga involucrarte en el drama que ha provocado, menos le compensará y antes dejará de actuar así.

77

Advertencias ante problemas que se repiten

Si constantemente tienes que llamar la atención de tu hijo sobre algo, anticípate a los problemas y advierte a tu hijo de las consecuencias. Recuérdaselo antes de que se produzcan y todavía no haya nadie enfadado.

Imagínate que cada vez que tu hijo sale a jugar al patio se dedica a arrancar las flores del vecino. Cuando salga, dile: «Sé que te gusta mirar las flores de la Sra. Fisher y que sabes que no debes cortarlas. Pero si se te olvida e intentas cortar una, entraremos en casa y no podrás jugar fuera». Díselo seriamente, sin amenazarle, como si fuera una ley universal. Por supuesto, es mejor apartarle del peligro animándole a que juegue en otra parte.

Pero si la tentación es demasiado grande y se dirige directamente a las flores, párale justo antes de que las arranque. Tómale en brazos y métele en casa, diciéndole: «Como has intentado cortar las flores, tenemos que entrar en casa». Quizás grite, patalee y proteste, y probablemente tengan que suceder varios episodios como éste, pero acabará por no arrancar las flores.

78

Conseguir que te haga caso

Cuando quieras que tu hijo haga algo y se niegue (lo normal en un niño), intenta el método de oportunidad estratégica de John Rosemond. Primero, dile lo que tiene que hacer con tono amable pero firme: «Es hora de que recojas tus juguetes, cariño».

Si ignora lo que le pides, en lugar de sermonearle, sigue haciendo tus cosas y no le prestes demasiada atención. En seguida, necesitará que le ayudes. Querrá que juegues con él, o que le sirvas zumo, o que le ayudes a partir las croquetas. Entonces es tu turno para decirle con voz firme: «Sí, puedo servirte un zumo, pero primero debes recoger los juguetes». Para que funcione, debes usar un tono indiferente. Si te muestras autoritario, puede volverse contra ti, pues los niños odian eso.

Veamos qué opciones tiene tu hijo ahora. Quiere el zumo y mamá parece que dice que según las leyes universales recoger los juguetes precede a beber zumo. *Hummm*. Así, la decisión sigue siendo suya; puede hacer lo que quiera sin perder la dignidad. Este método me funciona muy bien en las raras ocasiones en las que no tenemos prisa o un domingo por la tarde en que no tengamos compromisos (es decir, unas dos veces al año...) pero queríamos compartirlo contigo con la esperanza de que no estés tan ocupado y puedas tener oportunidades de practicarlo.

79

Ponerte a prueba

Todos los padres de un niño pequeño se quejan del hábito que tienen sus hijos de probarles. Algunas veces no lo llaman prueba, sino oposición o desafío, pero básicamente se refieren a que el niño hace exactamente lo contrario de lo que le dicen sus padres. Según John Rosemond:

> Todos los niños quieren poner a prueba las normas. Probar las cosas es la única forma que tiene un niño de descubrir si, efectivamente, las normas existen. Decirle a tu hijo que «esto es una norma» no es suficientemente convincente. Los niños, especialmente los más pequeños, tienen una lógica muy sencilla: las normas deben *demostrarse*. Así que, cuando un niño no sigue una norma, los padres tienen la obligación de imponer alguna forma de disciplina. Esto atrae la atención del niño y le dice: «¿Lo ves? Te hemos dicho la verdad». Así, los padres demuestran su fiabilidad al ser coherentes. Cuanto más sepa tu hijo que puede fiarse de ti, más seguro se sentirá.

Si, por el contrario, un niño no sigue una norma establecida y en lugar de *hacer algo*, sus padres le amenazan, se enfadan o le sermonean pero no pasa nada, el niño se verá obligado a volver a poner la norma a prueba otra vez, y otra, y otra. Esto hace perder un tiempo y una energía al niño que debería utilizar en actividades constructivas y creativas. Si eres consistente en la aplicación de las normas que has impuesto a tu hijo, no tendrá que ponerte a prueba reiteradamente. Por lo tanto, la consistencia ayuda a que los niños consigan todo de lo que son capaces.

Como hemos mencionado anteriormente, ser consistente no significa que tengas que responder de la misma forma cada vez que incumpla una norma. Lo importante es tener una *actitud* consistente. Si siempre te muestras tranquilo, firme y seguro sobre las consecuencias de un mal comportamiento de tu hijo, sabrá exactamente lo que esperas de él. Empezará a controlarse más y ese es el primer paso hacia la autodisciplina.

80

Responder a ¿POR QUÉ...?

¿Por qué, por qué y por qué los niños nunca se cansan de preguntar por qué? Ningún padre, ni siquiera el más sabio, sabe contestar correctamente a todas sus preguntas. Lo bueno es que la respuesta no tiene por qué ser correcta. Tu hijo de dos años, que quiere saber por qué el tractor metálico que dejó a la intemperie dos meses ahora está marrón, no será un zoquete porque no puedas explicarle los fundamentos químicos de la oxidación. Si resulta que sabes mucha química, puedes darle algunas nociones, pero es suficiente con que le digas que ha llovido sobre el tractor y eso es lo que pasa cuando llueve sobre algo de metal.

También te puedes inventar algo. Quizás el tractor ha estado en una aventura fabulosa y se cambió de color, o se aburrió de ser amarillo y decidió volverse marrón. Si habitualmente tu hijo y tú jugáis con la imaginación, le encantarán estas respuestas y querrá seguir la fantasía. Por supuesto, sabrá que la conversación es pura invención, pero lo más seguro es que le dé igual. Lo más importante es que siempre le des una respuesta, ya que la mayoría de los POR QUÉ son un intento de iniciar una conversación. También puedes cambiar las tornas de vez en cuando y preguntarle: «¿Por qué crees tú que está marrón?».

Cuando te estés volviendo loco con los *por qué*, recuerda que preguntar por qué es un signo de inteligencia. Tu hijo usa un ¿POR QUÉ? para obtener información, pero también para explorar la causa y el efecto: Él pregunta, tú respondes. En realidad no busca tanto la verdadera razón de algo sino confirmar que hay una razón y que tú puedes dársela. Darle una respuesta que tenga cierto sentido para él (aunque te la inventes) es mejor que darle una respuesta que es imposible que entienda. Ya habrá tiempo de explicarle mejor las cosas.

81

Tomarlo en brazos

Les ha ocurrido a todos mis amigos con hijos en algún momento. Aquel niño independiente, que huía de sus padres en tiendas y parques e intentaba hacer todo «él solo», de repente lo único que quiere es estar en brazos. Se esconde detrás de las piernas de su madre, le pide que le aúpe y se echa a llorar con la mera mención del nombre de su hermana. «Tenemos un día de enmadramiento», cuando me dice esto Robyn, sé exactamente a qué se refiere.

Los expertos dicen que es normal que los niños quieran estar en brazos algunas temporadas y que no hay por qué preocuparse. Es la manera habitual de desarrollar su independencia, dos pasos adelante, uno atrás, pero con un ritmo insospechado. A menudo, la época de dependencia sigue a una larga de independencia, como si el niño necesitara regresar a una zona segura en busca de protección para llenar el depósito y dar otro salto en su desarrollo.

Si tu hijo sólo quiere estar contigo, déjale en la medida de lo posible. Si le fuerzas, estás amenazando su zona de seguridad y puedes provocarle inseguridad y alargar más este período de enmadramiento.

Cuando un niño se da cuenta de que puede apartarse de sus padres, vive entre la satisfacción y la angustia. Siente un impulso natural a ser una personita independiente, pero sólo puede conseguirlo si sabe que estarás allí si te necesita, dándole seguridad. Su época de enmadramiento es tu oportunidad para demostrárselo. Tómale en brazos, mécele como cuando era más pequeño y que vea que disfrutas con esta última época de dependencia. Una vez que se convenza, volverá a ser él mismo. A mí me encanta colgarme a mi hijo y a él le encanta meterse en la mochila especial que tenemos cuando vamos de compras, pero para dentro de casa tengo otro artilugio que es como una extensión que cuelga de la cintura y permite que tu hijo se siente junto a ti. El peso no recae sobre el cuello ni la espalda, así que es cómodo.

Por supuesto, debes prestar atención a cualquier cambio de actitud de tu hijo. Si le haces caso y no se anima, vigila que no pase nada a su alrededor que le esté afectando.

82

No temer a los temores

Los padres piensan a menudo preocupados que los miedos irracionales de sus hijos indican problemas psicológicos o algo peor. Pero los psicólogos opinan que los temores son muy comunes en este grupo de edad. La mayoría representan la separación de los padres. Cuanto más independiente vaya siendo tu hijo, más ansiedad tendrá que controlar y los monstruos y fantasmas no son más que la expresión de su vulnerabilidad.

El hecho de que existan palabras para nombrar las cosas imaginadas que le dan miedo es una de las causas del problema. Los niños oyen hablar de monstruos, brujas y fantasmas y se lo creen. Para un niño pequeño es incomprensible que exista una palabra para algo que no es real. Por tanto, si hay una palabra y el niño conoce su significado, pensará que existe.

Igualmente, si un niño se imagina algo, es que existe. Puede imaginarse a su padre en su trabajo de la misma forma que puede imaginarse a una araña gigante debajo de la cama. No puede discernir por qué una cosa es real y la otra no.

83

Quitarle el miedo entrando en su mundo

No tiene sentido intentar razonar con un niño que siente un miedo irracional. Si le dices que no hay nada que temer, no conseguirás nada, y si menosprecias sus temores, le estarás enviando el mensaje de que no te interesa ayudarle, es decir, que está solo. Sus sentimientos de vulnerabilidad son la causa de sus temores, por lo que esto último podría convertir sus temores en fobias.

Lo que debes hacer es reconocer la existencia del miedo, pero ¡ojo! eso no significa decirle a tu hijo: «Sí, tienes razón. Hay una araña gigante en el armario». Es mejor decirle algo así: «Sé que estás asustado porque te imaginas que hay una araña en el armario. Cuando yo tenía tu edad también me daban miedo las cosas que pudiera haber en los armarios». Intenta combatir el fuego con el fuego: «¿Sabes lo que me estoy imaginando ahora? Que hay un gran elefante vigilando a los pies de tu cama. Es mucho más grande y fuerte que la araña, y va a protegerte mientras duermes. El elefante te va a cuidar toda la noche. ¿No lo ves?». Según la lógica de los niños pequeños, si pones un elefante imaginario en la habitación, estará allí. No puede negar la existencia del elefante sin hacer lo mismo con su araña.

Algunos padres utilizan su «*spray* anti-monstruos» para rociar debajo de la cama. Lo importante es que encuentres una solución que funcione con tu hijo, y tú eres quien mejor conoce cómo es. Intenta pensar qué le impresiona más. ¿Qué héroe imaginará él que puede luchar contra el monstruo que le está asustando?

Tener miedo de la oscuridad es como una epidemia entre los niños más pequeños; incluso, algunos adultos comparten ese miedo con ellos, por lo que es fácil de comprender para muchos padres. El Dr. Sears recomienda:

> El principio de la exposición gradual ayuda a los niños a superar su miedo a la oscuridad. Juega al escondite en una habitación que tenga un interruptor gradual para la luz; empieza con las luces encendidas y bájalas poco a poco. También puedes jugar al aire libre al anochecer, de manera que cuando acabéis ya sea de noche. Puedes organizar expediciones por el campo por la noche y, al principio, sujeta la mano de tu hijo. También puedes darle una linterna para que sepa que puede encenderla y alumbrar a cualquier pila de ropa que misteriosamente se convierta en un «oso». Algunas veces le basta saber que tiene el poder de cambiar la oscuridad por la luz para quitarle sus miedos. También puedes dejar una pequeña luz en la habitación; no le molestará para dormir y pedirá que se la apagues cuando se vaya haciendo mayor.

84

No excederse en castigar la agresividad

Cada vez que veo como un niño pega a otro en el parque, se me sale el corazón, no por la pequeña víctima, sino por la pobre madre del agresor. No hay nada más chocante que ver a nuestro precioso angelito actuar como un verdadero demonio delante de otra gente. Aunque todo el mundo sepa que es normal que los niños se comporten así, las connotaciones están ahí, flotando en el ambiente: has hecho algo mal al criar a tu hijo o tu niño es una mala persona.

Demos tener en cuenta las palabras de John Rosemond:

> Los niños agresivos no tienen malos padres, ni pasa nada *malo* con ellos. La mayor parte de los comportamientos agresivos, independientemente de lo «poco civilizados» que sean, como morder a alguien, son *normales*. Simplemente, algunos niños son más agresivos que otros. Esta inclinación la denominamos *herencia, predisposición* o *temperamento*, pero lo que acabamos diciendo es que «este niño es así».

> Algunos niños son más pasivos y si les rompen sus juguetes, se sientan y se ponen a llorar, pero no pasa nada *malo* con estos niños: «Son así». Otros, más agresivos, romperán el juguete del otro niño y le pegarán, pero no son niños *malos*, ni pasa nada *malo* con ellos. También «son así». Como puedes ver, hay niños de todos los tipos.

Aunque la mayoría de los padres han escuchado algo similar, siguen excediéndose en sus reacciones cuando su hijo muerde, da una patada o pega a otro, porque resulta muy duro ver ese comportamiento en nuestros hijos. Nunca se debe ignorar una agresión, pero hay que tratarla con una disciplina especial. Las tendencias agresivas no se curan completamente hasta que el niño crece. Pero un padre responsable SIEMPRE interviene si su hijo actúa con agresividad.

En cuanto suceda, separa a los dos niños de manera firme y sin miramientos. Primero, calma a la parte agredida. Si tu hijo ve que te preocupas por la víctima, estás sirviendo de modelo de compasión y empatía, dos conceptos que es importante que tu hijo aprenda para no tener un comportamiento agresivo. Mírale a los ojos y dile: «No se pega. Pegar (o morder, arañar, etc.) duele».

Sin dudarlo ni reñirle demasiado, llévate a tu hijo de la escena del crimen y aplícale un tiempo muerto. Existe una fina línea que debes tener cuidado de no cruzar. Siempre debes hacer algo para corregir un comportamiento agresivo, pero sin excederte. Si lo haces, corres el riesgo de aumentarlo sin querer.

Shimm y Ballen escriben:

> Recuerda, no eres un monstruo porque tu hijo muerda o pegue. Ninguna de las dos cosas son un pecado mortal. Morder no empieza como una actividad antisocial; es una progresión natural después de chupar, besar o abrazar. Quizás tu hijo no sepa que pegar en el brazo a alguien no sea una manera apropiada de saludar a un amigo.

Si los padres no se exceden, su hijo pequeño probablemente deje pronto de morder o pegar. Intenta decirle, con calma y firmeza: «No voy a dejar que pegues a Caroline. Igual que no voy a dejar que nadie te pegue a ti. Si te enfadas con alguien, dímelo».

A los niños les encanta mandar sobre alguien, ya sea una mascota, otro niño más pequeño o, incluso, sus animales de peluche. Te imitan a ti, al control que tienes sobre los demás, y hacen que otros parezcan obedientes. Si esto no hace daño a nadie, no te preocupes; ya se le pasará.

85

Corregir las agresiones
CON CUIDADO

Aunque sea doloroso ver cómo nuestros angelitos se vuelven violentos, es igualmente doloroso si tu hijo es el agredido. Nada enfrenta a las madres de dos niños con más facilidad que un acto de violencia entre sus hijos mal llevado. Si tu hijo pega, muerde o empuja al otro, intenta disculparte y muéstrate compasiva con la víctima. Si el tuyo es la víctima, intenta que haya algo de comprensión y perdón. Es fácil alardear de que tu hijo es mejor, más dulce o más sensible que el niño agresivo, pero normalmente las situaciones no están tan claras. Los niños pasan por muchas fases y puede que te enfrentes a la situación inversa la semana siguiente o con otro niño.

Tuker tiene muchos amigos de su misma edad y siempre he estado muy orgullosa de lo feliz que es jugando con otros niños. Su amiga favorita es Emily, nuestra vecina, un pequeño ángel seis meses menor que mi hijo. Puesto que las dos familias somos amigas y mi marido y yo queremos mucho a Emily, nos duele que Tucker empiece a pegarle, tirarle al suelo o romper sus juguetes. Al verle actuar de esta manera, tanto la madre de Emily como yo reaccionamos enérgicamente las primeras veces y fuimos enfrentándonos más según aumentaban sus «ataques».

Yo estaba desconcertada, porque nunca había sido tan agresivo con ningún amigo y sabía que la quería y le gustaba jugar con ella. ¿Dónde estaba el problema? Al final, la madre de Emily y yo llegamos a la conclusión de que habían confluido distintos factores.

Primero, ahora sé que mi fuerte reacción aumentaba sus tendencias agresivas. Con los otros niños, las mamás no nos metíamos tanto y les dejábamos que resolvieran sus peleas solos casi siempre. Los niños tenían más o menos el mismo tamaño y peso y nunca se enfadaban demasiado. Mi reacción era muy distinta con Emily. Cuando Tuck vio que quitarle los juguetes a Emily conseguía que las mamás dejaran de hablar y le prestarán toda su atención, volver a hacerlo era algo irresistible para él.

Otro factor que probablemente también influyó fue el nivel de familiaridad con Emily. Como vivimos puerta con puerta, la ve mucho más que a cualquier otro amigo. Los hermanos se muestran mucho más violentos entre sí que con sus compañeros de juegos y la relación con Emily estaba más cerca de una relación de hermanos que de amigos.

Además, ella es más pequeña. No queremos pensar que nuestros hijos puedan utilizar esta ventaja, pero en el mundo infantil impera la ley de la selva. Ser más grande y más fuerte que otro cuando siempre has sido el menor de tu casa supone una tentación para algunos niños para que demuestren su superioridad. El tamaño y la pasividad natural de Emily eran un objetivo fácil.

John Rosemond dice:

> Debes esperar que haya problemas al mezclar niños pasivos con otros más activos y agresivos. Estos últimos, conociendo su ventaja, se aprovecharán. El resultado es arañar, pegar e incluso morder al contrario, con un coro de llantos de los niños más pasivos. En estos momentos, lo peor que puede hacer un adulto es castigar al niño agresor y consolar al agredido. Actuar así intensificará el conflicto, aumentando la situación de desequilibrio. Para solucionarlo, hace falta un adulto que haga de mediador.

Cuando la mamá de Emily y yo cambiamos de comportamiento, la situación fue mejorando, aunque Tucker sigue molestando a Emily más que a ningún otro amigo. Pero claro, Tucker está a punto de cumplir dos años y Emily aún no los tiene. Quizás cuando ella tenga dos años y medio, mi hijo ya estará en la fase melosa de los tres años y cambien las tornas.

86

Animar a los desvalidos

Si tu hijo es del tipo pasivo, quizás te resulte difícil ver cómo los demás abusan de él. Aunque sea tentador acudir en su ayuda, John Rosemond afirma que debes mantenerte alejado en su propio beneficio. Hasta que *tu hijo* no lo vea como un problema, no podrá hacer nada. Si interfieres demasiado, podría ser problemático a la larga, ya que podría buscarte para que le resuelvas todas sus crisis en lugar de intentar solucionarlas solo.

Shimm y Ballen sugieren que se enseñe a los niños cómo enfrentarse solos a las situaciones. El padre podría decir: «Sujeta fuerte la pelota cuando Suzanne quiera quitártela y dile que es tuya». Lo ilustran de la siguiente manera:

> Este diálogo es un ejemplo de cómo un padre puede encauzar a un niño agresivo y a otro más precavido. El padre muestra, de una manera objetiva, que entiende cómo se siente el niño y le ofrece las palabras que necesita para que exprese sus sentimientos.
>
> El niño abusador: Dame el cubo ahora mismo. Lo necesito. (Sin esperar un segundo, se lo quita a Mathew y echa a correr).
>
> El padre: Sara, te he visto quitarle a Mathew el cubo con el que estaba jugando.
>
> El niño abusador: Lo quiero.
>
> El padre: En cuanto acabes, devuélveselo.
>
> El niño abusador: No, lo necesito.
>
> El padre: Sé que lo necesitas pero, ¿a que acabarás pronto? (Al preguntarle al agresor si ha terminado, el padre le da la oportunidad de que mantenga la dignidad y devuelva el juguete).

El padre (a la víctima): Di «Es mío». Puedes estar enfadado porque Sara te haya quitado el cubo. La próxima vez, sujétalo fuerte y dile: «Es mío». Dile eso.

Lo que suele ocurrir en este momento es que el agresor tira el juguete a la víctima. Los niños no están hechos para sentir vergüenza, pero sí algo de compasión por otros. Mientras, la víctima recibe un guiño de comprensión: «Anda, puedo controlarlo. Funciona».

87

Reconocer lo duro que es convertirse en hermano mayor

Si tienes otro bebé mientras tu hijo todavía es pequeño, necesitas prepararte para algo que será duro para el mayor. Querrás que esté tan feliz y lleno de amor hacia el nuevo miembro de la familia como tú y tu pareja pero, sencillamente, no puede. Habrá momentos en los que se muestre orgulloso y tierno hacia su hermanito, pero también habrá ocasiones de intensos celos. Procura no enfadarte con tu hijo, involúcrale tanto como sea posible en el cuidado del bebé y mantén su rutina similar a la que tenía antes de que naciera su hermano. No te sorprendas si de repente adopta comportamientos de bebé. Mímale y muéstrale tanto amor y atención como puedas.

Shimm y Ballen dicen:

> Tu hijo sentirá emociones apasionadas y turbulentas hacia ti, el niño y cualquiera que aparezca por casa. No puedes ignorar sus sentimientos al verse apartado por este pequeño intruso. Aunque sea doloroso, tu hijo se sentirá desplazado.

Debes consentir estos sentimientos de odio, celos y temor. Al mismo tiempo, por supuesto, tu hijo sentirá amor y orgullo, y compartirá la alegría de tener un nuevo miembro en la familia. Es muy importante que tu hijo sepa que puede tener los pensamientos que quiera y que seguirás queriéndole, pues no querrás que tu hijo se sienta mal por albergar sentimientos «malos». Tu hijo necesita saber que sus malos sentimientos no dañarán ni a sus padres ni a él.

Cuando tu hijo salga corriendo y dé un portazo, dile algo así: «Incluso cuando te enfadas conmigo, te sigo queriendo». Si tu hijo grita «¡te odio!» al bebé, dile: «Algunas veces te gusta tu hermano y otras no. Ahora es difícil para ti porque le estoy dando de comer y no puedo jugar contigo». Si haces ver a tu hijo que sus sentimientos cambiarán, le darán menos miedo sus «malos» sentimientos.

Mi amiga Julie acaba de dar a luz a su segundo hijo y estaba muy enfadada por la creciente demanda de atención de su hijo mayor. Creía que estaba haciendo todo lo posible para disminuir los celos de su hijo mayor, pero Luke estaba molesto cada vez que ella pasaba tiempo con su nuevo hermano, Liam. De repente, se dio cuenta de algo: «He sido yo quien ha tenido al bebé, no Luke. Ahora tengo dos personas preferidas, mientras que para Luke sigo siendo su única persona favorita. No me extraña que no quiera compartirme».

88

Evitar los premios aleatorios

Existe un truco, que quizás recuerdes de las clases de filosofía, que es especialmente bueno si quieres que tu hijo sea obediente y disciplinado. A lo mejor conoces los estudios que realizó B. F. Skinner con unas ratas en una jaula.

El doctor en filosofía John C. Fiel, y la psicóloga Linda D. Friel, lo explican en *The 7 Worst Things Parents Can Do*:

> Puso una rata en una caja especial, llamada, de hecho «la caja de Skinner», con un pedal y un dispensador de comida en una pared y adivinen lo que pasó: Como las ratas son animales curiosos por naturaleza y se levantan, inspeccionan a su alrededor, al final presionaron con las patas el pedal accidentalmente y ¡voilá! cayó una bolita de comida. De esta forma, la hambrienta rata descubre lo que significa causa y efecto.

La rata tardó poco en perfeccionar la progresión de causa y efecto, lo que Skinner denominó «condicionamiento operante». Seguidamente, Skinner fue disminuyendo el número de bolitas, descubriendo que si la rata tenía que presionar el pedal varias veces para obtener la bolita, se reforzaba su comportamiento. El mayor descubrimiento fue que si las bolitas sólo se dispensaban aleatoriamente (como los premios de una máquina tragaperras), el comportamiento se reforzaba aún más.

No pretendo establecer comparaciones entre tu hijo y una rata, pero la psicología ha aceptado estos principios del condicionamiento operante para los seres humanos y ayuda a explicar las adicciones al juego y otras tendencias. Veamos si podemos aplicar estos conocimientos a la paternidad. Si tu hijo lloriquea por una golosina en la caja del supermercado y siempre le dices que sí, probablemente los llantos nunca serán demasiado intensos. Si, por el contrario, le dices que sí sólo si te lo repite varias veces gimoteando, lo normal es que los llantos y quejidos sean más altos. Y, si sólo *muy de tarde en tarde* accedes a sus peticiones, prepárate para que cada vez que pases por caja tu hijo te monté un espectáculo.

Afortunadamente, hay una solución. Las investigaciones de Skinner demostraron que la mejor forma de «extinguir» un comportamiento es dejar de reforzarlo. Cuando inutilizó el pedal dispensador, la rata, al final, dejó de presionarlo. Pero *antes* de que se extinguiera el comportamiento, la rata pasó un tiempo presionando la palanca como si se fuera a acabar el mundo. Como había recibido su premio de forma intermitente, pasó bastante tiempo antes de que se convenciera de que ya no había más.

Y, por desgracia, eso es lo que pasará con tu hijo. Si has premiado de forma aleatoria sus gimoteos o enfados, no será fácil erradicar esos comportamientos. Los Friel siguen explicándolo:

> Si, en cualquier momento durante el proceso de extinción gradual, refuerzas que la rata vuelva a presionar el pedal una sola vez, seguirá haciéndolo con más fuerza y agresividad... Si eliminas el reforzamiento del comportamiento, debes hacerlo de raíz. No hay «síes, peros, excepciones u ocasiones especiales» que valgan. *No* es *no.*

> Lo que ocurre algunas veces es que tras un par de semanas la mayoría nos relajamos, como diciendo: «Esta teoría de la extinción parece que funciona. ¡Mi hija no ha tenido ninguna rabieta en tres semanas! ¡Qué buena es! Me siento un poco culpable por todo lo que está pasando. Me parece que le voy a comprar alguna golosina en la caja». Si te sientes así, detente y recuerda que hacerlo sería confuso y cruel para tu hija.

Siguiendo con el ejemplo de la caja, recuerda que lo que quieres eliminar son los llantos y las rabietas en *esta determinada situación*; intentar eliminar todos los llantos y todas las rabietas sería una tarea agotadora para tu hijo y para ti. Tampoco significa que tu hijo no pueda volver a tomar una golosina en su vida. Dependiendo de los dulces que quieras dejar que tome, podrías ser benevolente en cumpleaños o quizás comprarle algunas de vez en cuando si se queda en casa, pero no debes volver a hacerlo en la caja del supermercado; si no echarás por tierra todo el trabajo. Puesto que esta técnica es tan efectiva, debes reservarla para comportamientos que quieras evitar a toda costa y no debes intentar eliminar más de un comportamiento a la vez.

89

Leer, leer y leer a tu hijo

Probablemente estás acostumbrada a leer a tu hijo desde que era un feto del tamaño de un dedal, pero si no lo has hecho –¡especialmente, si no lo has hecho!– debes aprovechar los primeros años de tu hijo para que desarrolle su amor por los libros. A la mayoría de los niños les encanta leer los mismos libros una y otra vez. Les gustan los libros de pasta dura, los de rimas, con ilustraciones de colores o fotografías, troquelados o en tres dimensiones.

En esta etapa, la lectura debe ser algo divertido. No debes forzar a tu hijo a que utilice los libros. Incluso, si nunca consigues llegar a la última página de la historia, no le obligues nunca a que siga escuchándote si prefiere irse a jugar a otra cosa. Debes saber cuánto dura la atención de tu hijo y busca libros que se adecuen a este tiempo. Si muestra interés por un libro que tenga más texto del que va a disfrutar, pasa las páginas y hablad de las imágenes. De esta manera le das la oportunidad de que le gusten los libros y se familiarice con ellos. Una vez que esto ocurra, ya puedes empezar a leer más y más texto según quiera escucharte tu hijo.

No te sorprendas si tu hijo quiere oír la misma historia veinte veces seguidas. Puede empezar a recordar las palabras, especialmente si riman. Dale la oportunidad de «leer» contigo, por ejemplo, «Esta mañana vi una...» y señala al dibujo de la araña para que tu hijo diga «¡araña!».

Algunas familias son partidarias de establecer una hora para la lectura, normalmente antes de dormir. Yo creo que esto te limita un poco y prefiero que la lectura sea una actividad divertida que hacemos cuando nos apetece, que suele ser varias veces al día. Nuestros amigos guardan los libros en un sitio especial, como si fueran algo frágil. Esto está bien para sus niños, pero para otros puede ser una pesadilla. Nosotros tenemos los libros en las cajas de los juguetes y en los muebles de casa, por lo que siempre tenemos un libro a mano. Tenemos libros en el coche, en su carrito e incluso tenemos libros de plástico en la bañera.

Sólo tenemos una excepción: los libros de la biblioteca. Están en una estantería especial y Tucker sabe que tiene que ser muy cuidadoso con ellos para que los otros niños también puedan leerlos. Sabe que los libros de la biblioteca se comparten, por lo que son especiales. También sabe que siempre encontrará estos libros especiales en su estantería.

Emplear tiempo en leer con tu hijo y hacer que la lectura sea algo diverti-do es una de las mejores cosas que puedes hacer por él. Si compartes la lectura todos los días, tendréis una mejor comunicación a todos los niveles. Párate y habla de lo que estáis leyendo. No te niegues a que te interrumpa con pregun-tas o comentarios. Escucha las observaciones que hace tu hijo, porque te mos-trarán las cosas que le preocupan. Deja que los libros refuercen la conexión entre tu hijo y tú y descubrirás que el tiempo que paséis juntos leyendo es tan positivo para ti como para tu hijo.

90

Disfrutar de las bibliotecas

Si la biblioteca todavía no es uno de los sitios favoritos de tu hijo, ¿a qué estás esperando? La mayoría de las bibliotecas ofrecen increíbles programas GRATIS para niños de diferentes edades y muchos incluyen horas de cuentos para los más pequeños. Pero si la biblioteca que tienes más cerca no tiene este tipo de actividades, quizás puedas planificar una hora determinada un día a la semana como HORA DE BIBLIOTECA para ti y para tu hijo. Visitar la biblioteca de forma habitual hará que se convierta en un lugar donde tu hijo se sienta como en casa en sus años de escolar.

Si estás planificando tu primera visita, preséntale la idea con el mismo entusiasmo que si fueras a un nuevo y maravilloso parque. Explícale lo que habrá, juega a las «voces para la biblioteca» y decide por el camino cuántos libros puede ver. Mi biblioteca local tiene sugerencias de «diez libros para diez dedos» o «cinco libros para cinco cinturas», que es una selección según la edad.

Averigua si la biblioteca emite carnés infantiles para que tu hijo tenga el suyo propio, pues cada biblioteca tiene unas normas sobre la edad. Si ya puede tener su carné, explícale cómo se usa. El niño pequeño que normalmente está deseando tener poder disfrutará con una tarjeta mágica en la que pone su nombre y con la que puede llevarse libros a casa. Incluso si el carné está a tu nombre, deja que sea él quien se lo de al bibliotecario.

La biblioteca es el sitio perfecto para que un niño ejercite su derecho a elegir. En la medida de lo posible, deja que la elección sea completamente suya. Si se ve abrumado por las opciones que hay, quizás debas hacer una preselección y que elija entre unos pocos libros. El bibliotecario puede aconsejarte sobre los libros más adecuados para su edad. Procura no influir en su elección, incluso si quiere un libro que ya tiene en casa o que ya ha sacado antes; necesita saber que tiene cierto control sobre los libros que selecciona.

Siempre puedes añadir otros libros que hayas elegido por él. Si últimamente le fascinan los gatos, busca un libro que no sea de ficción con fotografías de este tema. Elige según SUS intereses: monstruos, Marte o las canicas.

Pero, aunque las bibliotecas ofrecen una gran oportunidad para leer una buena variedad de libros, éstos deben *acompañar*, no *reemplazar* a los que tenga tu hijo en casa. Según *Raising a Reader*, de Paul Kropp:

> «...los libros que tiene tu hijo son los que le leerás una y otra vez.
> Y los libros que leas a tu hijo una y otra vez a los dos y tres años

serán los primeros que leerá solo a los cuatro o cinco. Son los libros que volverá a leer y releer incluso después de que pienses que son demasiado infantiles para su edad. Según un estudio, algunos de los libros de la estantería de un niño se leerán más de 300 veces antes de que pierda interés en ellos. Esta lectura repetida es fundamental para cimentar sus habilidades lectoras, pero sólo se dará si tus hijos tienen sus propios libros».

91

Preparar a tu hijo para la lectura

Aunque parezca que los días en que tu hijo empiece a leer queden lejos, nunca es demasiado pronto para introducir algunos conceptos básicos que le sirvan de base cuando llegue el momento.

Cuando leas a tu hijo, háblale de las distintas partes del libro; pregúntale qué hay en la portada, por ejemplo. Al pasar las páginas, dile lo que estás haciendo... al final él será el que las pase, y debes felicitarle por ello. Las páginas de los libros de cartón son más fáciles de pasar, por lo que las dominará antes que las de papel.

Algunas veces, mientras le leas, ve señalando con el dedo el texto, pues así se refuerza la idea de que esas líneas negras sin sentido en realidad encierran un cuento. También hace que tu hijo se dé cuenta de que se lee de izquierda a derecha y de arriba abajo. Sabiendo estos conceptos, que a nosotros nos parecen evidentes, estás ayudando a tu hijo a aprender a leer.

92

Ayudarle a empezar a escribir

Los niños aprenden a dibujar mucho antes que a escribir, así que pide a tu hijo que dibuje una historia en un papel. Incluso si la imagen no tiene sentido para ti, dile que te explique qué es y escribe su respuesta en el papel. Hazle algunas preguntas más y puede que desarrolle una historia bastante completa. Escríbelo todo y enséñale a tu hijo la historia que ha creado. La lección más importante es que las ideas se pueden capturar no sólo con imágenes, sino también con palabras: que se pueden capturarse escribiéndolas en un papel.

Para reforzar esto aún más, escribe notas a tu hijo. A Tucker le encanta que lo haga. Yo le escribo un mensajito en un papel con un dibujo y lo dejo en algún sitio donde sepa que es para él. Se pone contentísimo cuando lo ve y me pide enseguida que se lo lea. Puede ser algo como: «Querido Tucker: Gracias por ayudarme a sacar la basura. Te quiero, Mamá». Mi hijo recordará el mensaje, guardará la nota y, más tarde, cuando la vea, me la «leerá».

93

Hacer un libro especial

Como ya hemos explicado, el tema favorito de tu hijo es probablemente ÉL MISMO. Aprovecha que se encuentre a sí mismo lo más interesante del mundo para hacer un libro sobre su vida.

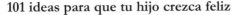

Escoge un día normal, rutinario, en el que haga las cosas que suela hacer, pero acompáñate de una cámara todo el tiempo. Haz de una foto de tu hijo levantándose, desayunando, vistiéndose, jugando con sus juguetes preferidos, yendo al parque con sus amigos, comiendo... No te preocupes por que las fotos sean unos excelentes retratos, nuestro objetivo es registrar lo que pasa, como si fueras un reportero. Toma una última fotografía de tu hijo durmiendo como un angelito.

Si el niño va a una guardería, tienes dos opciones: escoge un día del fin de semana en que pases todo el tiempo con tu hijo o hazle fotos llegando al colegio, con su maestro y al salir. Si crees que no le va a importar al profesor, pídele que le haga algunas instantáneas durante el día.

Cuando reveles el carrete, mira las fotos con tu hijo y déjale que las coloque por orden cronológico. A continuación, encuaderna un libro; puedes utilizar cartulinas grapadas o simples cartones. Para unirlas, utiliza grapas o hazle unos agujeros para asirlas con lazos, como prefieras. Pega las fotos con pegamento o papel celo. Lo mejor es que tu hijo también participe, no te emociones tanto que le excluyas de todo el proceso. Él debe sentir al final que la creación ha sido suya.

Pídele que te dicte el texto que va a acompañar a cada fotografía y escríbelo en el libro. Si tu hijo es demasiado pequeño, puedes escribir lo que creas que es mejor o dejar sólo las fotografías.

¡Ahora tiene un libro único sobre él! Deja que te lo lea, incluso si no sabe qué pone, pues puede guiarse por las fotos. Es la historia de su vida, así que, ¿quién la conoce mejor? Probablemente esté tan orgulloso de su creación que quiera enseñársela a todo el mundo.

Y piensa que, si no fuera por que te lo leerá miles de veces, es un recuerdo que no tiene precio, un reflejo de una etapa fugaz de su vida que está ocurriendo ahora mismo. Es una buena idea repetir el proceso cada año, o incluso un par de veces al año (¡acuérdate de poner la fecha!). ¿Te imaginas lo divertido que será verlos el día de su licenciatura?

94

Elegir el centro de educación infantil apropiado

Si tu hijo no va a ningún centro donde le cuiden todavía, quizás te hayas empezado ya a preguntar cuándo es el mejor momento para que tu hijo asista a algún tipo de clases. No hay ningún problema en que los niños estén en casa antes de empezar el colegio. Pero como la mayoría de los niños empiezan su educación antes de ir a un centro de primaria, puede que tu hijo vaya por detrás de sus compañeros en algunos aspectos si no le preparas.

La mayoría de los expertos coinciden en señalar que los tres años es la edad perfecta para que un niño asista a algún tipo de actividad social sin los padres. A los tres años, tu hijo está preparado para entablar amistad con otros niños y aplicar los conceptos de compartir o hacer turnos.

Según Lawrence Kutner, un centro con unos objetivos académicos demasiado rigurosos no es lo mejor para un niño pequeño, pero lo mismo se puede decir de otro que no tenga ningún plan educativo formal. Él nos explica:

> Los mejores centros educativos que he visitado son aquellos que están enfocados al desarrollo. Integran habilidades sociales con conceptos académicos para mejorar así las capacidades de los niños. Aunque el diseño curricular de este tipo de enseñanza está bien definido, a veces no es tan obvio para el observador casual. En lugar de «dar lecciones», introducen sus objetivos en las actividades de los niños. Estas escuelas eligen un tema para la semana, por ejemplo, «cosas que están vivas» y las abordan varias veces al día desde distintos puntos de vista. A lo mejor, comen tomates y plantan semillas en un pequeño jardín, juegan con un perrito en clase o visitan el zoo, o aprenden cómo un

médico usa el estetoscopio. Este enfoque polifacético permite a los preescolares experimentar el concepto de «estar vivos» usando todos sus sentidos.

Si has decidido en qué centro vas a matricular a tu hijo, visítalo varias veces antes de tomar la decisión final. Ve a diferentes horas del día y observa cómo los maestros interactúan con los niños. Cuando los niños llegan al centro, fíjate en si los maestros los saludan por su nombre, si prestan especial atención a los que les cuesta separarse de sus padres y si, en general, tratan a los niños como quieres que traten al tuyo. Lawrence Kutner también recomienda:

> Busca referencias, pero no le pidas al director sólo el nombre de algunos padres porque, lógicamente, te pondrá en contacto con los padres más satisfechos. Pide una lista completa de todos los padres de los niños que estarán en la clase de tu hijo. Aunque no tienes que llamarlos a todos, es más probable que tengas diferentes opiniones –positivas y negativas– si seleccionas a la gente al azar.

> Habla al menos con tres padres. Explícale que estás pensando en llevar a tu hijo al centro y que te gustaría conocer su opinión. Luego, haz preguntas concretas. ¿Es útil la información que le dan los maestros sobre sus hijos? ¿Con qué frecuencia cambian los maestros? (En la educación preescolar hay mucha rotación de empleados. Si a esa escuela le ocurre más habitualmente que a otras de tu localidad, es indicativo de que hay algún problema).

95

Facilitar el primer día de colegio

Independientemente de lo fabuloso que sea el colegio elegido, el primer día va a ser muy duro para tu hijo. Para que sea más fácil debes prepararle;

háblale del colegio nuevo con ilusión y léele libros sobre niños que van a los centros de educación infantil o al colegio.

Una amiga mía hizo un libro para su hija con dibujos muy sencillos (no hace falta ser Picasso) acerca del centro de educación infantil. Lo más valioso del libro era que enseñaba, claramente, cómo la mamá dejaba a su hija, SE IBA y, entonces, VOLVÍA a recogerla después de que la niña hubiera pasado un rato muy divertido jugando con otros niños. Leer el libro juntas muchas veces ayudó a la niña a comprender y aceptar el hecho de que su madre no estaría con ella.

La mayoría de los centros te permitirán la visita con tu hijo antes de que éste empiece las clases. Aprovecha estas ocasiones, pero déjale muy claro que no es lo mismo ir de visita que ir a clase. Hazle notar que los demás niños no están con sus mamás, pero que se lo están pasando muy bien. Haz este comentario de forma natural y no pienses que tu hijo va a protestar cuando os vayáis. Algunos niños están bien solos desde el principio, pero la inmensa mayoría llora. Pero si te comportas como si esperaras que fuera a llorar, es más probable que así sea.

Algunas guarderías permiten que uno de los padres esté por el centro las primeras horas que su hijo acude por primera vez. Pero otros no, pues puede disgustar a los niños cuyos padres no están. Si no puedes estar en la misma habitación que tu hijo, pregunta si te permiten observarlo sin que te vea. Muchas guarderías tienen monitores de vídeo o ventanas para que los padres espíen a sus hijos sin que éstos lo sepan. (Si este no es el caso del sitio elegido, y el director te pone impedimentos a que te quedes a observar, mi consejo es que busques otra guardería).

Si tu hijo llora al dejarlo, obsérvale sin que te vea hasta que esté feliz haciendo sus actividades. Los maestros de preescolar dicen que los niños que parecen más desconsolados cuando se van sus padres se ponen alegres rápidamente en cuanto les pierden de vista. Si te sientes mejor si te quedas un rato por la guardería para ver cómo se comporta tu hijo, intenta arreglar tu horario de manera que no tengas que salir corriendo cuando le dejes.

96

Reconocer un cumplido
en un desprecio

Tu hijo probablemente reniega de ti a veces; tómatelo como el cumplido que es en realidad y te ahorrarás bastantes disgustos. Pongamos un ejemplo típico: Una madre llega a recoger a su hijo al centro de educación infantil. Está deseando verle después de un largo día de trabajo, pero en cuanto su hijo le ve, le grita «¡vete!» y empieza a arrojarle juguetes de forma agresiva.

La mamá está dolida y perpleja. ¿Es el centro educativo el que causa tensión a su hijo? ¿Es una mala madre por dejarle allí? Su angustia se desvanece cuando el maestro le dice que se ha portado muy bien todo el día. Aunque mamá se alegra al oír que su hijo se lo ha pasado bien, se preocupa: ¿Le está castigando por haberle dejado? ¿Es un indicador de que su relación se va a deteriorar?

Los expertos están de acuerdo en que tal comportamiento es normal y que no hay nada de lo que alarmarse. Lawrence Kutner escribe:

> Pasar el día en una guardería, en un centro para niños o en un colegio de preescolar conlleva mucho control emocional. Los niños más pequeños deben suprimir su urgencia de actuar siguiendo sus impulsos y se guardan todo para sí mismos. Hay una tremenda presión social para compartir cosas, esperar con paciencia en una fila y hacer otras muchas cosas que no resultan naturales para un niño pequeño. Al final del día, tu hijo tiene encima una inmensa tensión emocional.

No pueden expresar esa tensión con palabras, por supuesto, pero el comportamiento es el lenguaje de los niños. Comparten su frustración demostrando su poder sobre sus padres porque son las personas más cercanas. Aunque tengan que soportar tus enfados por su comportamiento, saben que no le rechazarás permanentemente. Es una señal de que la relación que un niño tiene con sus padres es más fuerte que con sus maestros.

Quizás observes el mismo comportamiento cuando le dejes con una canguro o incluso con sus adorados abuelos. El ser humano guarda lo peor de sí mismo para aquellos con los que se siente más a gusto. Los adultos también lo hacen. Si tienes un día especialmente estresante en el trabajo, lo más probable es que no hagas caso de la necesidad de estrangular a tu jefe, sino que te irás a casa y no se te pasará hasta que te desahogues con tu pareja, que hará frente a tu ira y te ofrecerá su apoyo. En momentos de inmadurez, muchos adultos descargan su ira con sus hijos, pareja o mascotas.

Así que reconoce estos episodios como tributos del vínculo que has establecido con tu hijo y trata de ser benevolente con él. Responde con paciencia y amor y tu hijo volverá a tratarte como siempre.

97

Reducir los castigos

Los niños, especialmente cuando son más mayorcitos, no deberían recibir castigos que no se hagan efectivos de forma inmediata. Si tu hijo sale corriendo en un supermercado y le dices: «Por hacer eso, te quedas sin salir a jugar después de merendar», no sentirá que hay una consecuencia inmediata a sus acciones. Incluso si suele salir a jugar todos los días, no sentirá que se pierde nada en el momento que le impones el castigo. Probablemente llore, pero será más bien por verte enfadado que por el castigo impuesto.

A continuación, para cumplir tu palabra, tendrás que prohibirle que salga a jugar después de merendar. ¿Qué pasa si se ha comportado perfectamente toda la tarde hasta la hora de la merienda? Llevar a cabo tu castigo significa recuperar de nuevo el incidente y de hecho, castigarle dos veces.

Un procedimiento más adecuado habría sido aplicar una consecuencia directamente relacionada con la ofensa. Adviértele de que si vuelve a salir corriendo, tendrá que sentarse en el carrito. La decisión es suya. Si vuelve a salir corriendo, pierde el privilegio de caminar junto a ti. Siéntale rápidamente en el carrito explicándole que, puesto que ha salido corriendo, tiene que quedarse en el carro hasta que terminéis de comprar. Aunque este método parezca menos severo, aprenderá mucho más que con la prohibición de salir a jugar porque la consecuencia de su comportamiento es mucho más obvia para él. Literalmente, le has detenido cuando hacía lo que estas intentado corregir. Pero, ¿qué tiene que ver salir corriendo con salir a jugar después de cenar?

La disciplina puede ser muy efectiva cuando se concibe como una manera de enseñar a tu hijo lo que se espera de él. Los castigos no tienen por qué formar parte de ella. Como dice Penelope Leach:

> La gente más mayor, que sabe cómo deben comportarse pero no siempre desea hacerlo, se reprimen por las consecuencias que puede acarrear su comportamiento, que le echen por hablar en clase o que le pongan una multa si aparcan mal. Tales consideraciones no siempre funcionan en los adultos y son imposibles para los niños pequeños porque no son capaces de sopesar penalizaciones futuras con impulsos presentes. La única sanción válida para niños de menos de cuatro o cinco años es la desaprobación de otra gente. Sea cual sea el castigo que le quieras imponer, tu enfado es el peor castigo...

> Pero si lo que realmente quieres es enseñar a tu hijo cómo comportarse (en lugar de castigarle por un mal comportamiento)

será mejor que no utilices castigos formales, especialmente en sus primeros años, porque provocarán que se sienta menos inclinado a escucharte y complacerte. La alternativa efectiva para castigar a un niño que no tiene un buen comportamiento es recompensarle cuando haga las cosas bien. Tu hijo aprenderá más por tu disgusto que con un castigo cuando se porta mal pero, sobre todo, si le elogias cuando se comporta como tú quieres.

Los castigos ponen a padres e hijos en esquinas opuestas de un ring de boxeo y evitan que trabajen juntos para resolver los problemas. Los padres que castigan a sus hijos con mucha frecuencia ven cómo sólo consiguen que el problema se multiplique. El niño se enfada y hace aquello que más odias porque tú haces algo que él no soporta. Si tu hijo piensa que estás de su parte, ayúdale a aprender a comportarse mejor; tu desaprobación será la mejor disuasión. Explica claramente tus expectativas, recuérdaselas y corrígele con cariño cuando se resbale. Te sorprenderá la cooperación que obtendrás de él.

98

No confundir «mimar» con «dar»

No temas que vayas a mimar a tu hijo por concederle generosas cantidades de tu tiempo, amor y atención; por imponerle una disciplina de una forma comprensiva en lugar de con castigos autoritarios; por permitirle que haga lo que quiera o incluso por colmarle de regalos. NINGUNA DE ESTAS COSAS DAÑARÁN A TU HIJO MIENTRAS SE HAGAN POR LAS RAZONES CORRECTAS.

El temor de que los niños estén mimados está muy extendido en nuestra cultura, con toda la razón, pero la definición de «mimado» no es correcta. Un niño mimado es un niño infeliz e intenta manejar a sus padres todo el tiempo. Nadie quiere estar con estos niños que generalmente tienen falta de autoestima y de autodisciplina y se convierten en adolescentes y adultos insoportables.

Pero es más fácil que un niño mimado aparezca en una familia en la que *escasea* el amor y la atención que si está rodeado de grandes cantidades de ello. Un niño que tiene muchos juguetes no tiene por qué estar más consentido que si tiene pocos. Lo que importa es cómo se ofrezca al niño atención, tiempo, amor e incluso cosas materiales. Penelope Leach lo explica mejor:

> Mimar a un niño no tiene nada que ver con concesiones y diversión, está más relacionado con chantajes y tiranías. No vas a mimar a tu hijo porque hables, juegues y te rías mucho con él, ni porque le dediques sonrisas y abrazos, ni incluso por recibir muchos juguetes, si se los das porque tú quieres. Tu hijo no estará consentido porque le compres caramelos en el supermercado ni le hagas 15 regalos de cumpleaños, pero quizás lo consigas si aprende que puede chantajearte con una rabieta en público para que cambies tu decisión de que no haya caramelos o conseguir cualquier cosa que quiera de ti si se empeña. El niño más «mimado» que conozcas no tiene por qué tener mucho más que la mayoría de los niños, pero consigue lo que quiere portándose como un tirano con sus padres. Un niño mimado es el resultado cuando los padres permiten que el niño abuse del poder que tiene sobre ellos.

Yo tenía diez años cuando nació mi hermana, por lo que recuerdo perfectamente verla crecer. Durante su infancia y hasta su adolescencia, mi madre fue muy criticada por mimarla. Amigos y familiares de la familia, cualquiera que tenía la oportunidad de observar a mi familia, vaticinaba que mi hermana acabaría siendo una niña insoportable por toda la atención y dinero que se gastaban en ella. ¿Y saben qué? Hoy en día, a mi hermana le ha ido muy bien y es la persona más agradable y entrañable del mundo. Nunca le han acusado de nada negativo (y si ocurre, quien le acuse tendrá que vérselas conmigo). Las concesiones no estropean a nadie mientras se ofrezcan con gusto y cariño.

99

Escuchar a tu hijo

Aunque puede parecer obvio, una de las mejores cosas que puedes hacer para que tu hijo crezca feliz es escucharle. Como los niños pequeños todavía son bastante irracionales, los padres tienden a dar poco crédito a sus sentimientos o no los toman demasiado en serio cuando intentan comunicarse con ellos. En su libro *How to Talk So Kids Will Listen and Listen so Kids Will Talk*, Adele Faber y Elaine Mazlish describen los pasos para escuchar a los niños, válidos tanto para los más pequeños como para los más mayorcitos.

Primero, necesitas oír lo que está diciendo tu hijo. Préstale toda tu atención y mantén una expresión atenta y de apoyo. Luego, en lugar de precipitarte a resolver el problema de tu hijo, dile algo como «¡Oh!» o «ya veo» que reconozca el problema. Puede que tu hijo aproveche esta oportunidad para contarte un poco más. A continuación, dile algo que indique que le has comprendido, nombrando los sentimientos de tu hijo. Una de las mejores formas de hacer que un niño se sienta cómodo con las distintas emociones que experimenta es saber que tienen un nombre. Si está triste porque quiere algo que no puede tener, concédele su deseo en forma de fantasía. A continuación tienes un ejemplo de un niño al que se le niega su deseo irracional de ir a la piscina cuando es la hora de dormir:

Niño: «¡Quiero ir a nadar!».

Padre: «Parece que realmente tienes ganas de ir a nadar».

Niño: «¡Quiero ir a nadar ahora, quiero ir a la piscina!»

Padre: «Debe ser muy duro querer hacer algo y tener que esperar a que sea de día para hacerlo».

Niño: «¡Es que quiero ir a nadar!».

Padre: «¡Me gustaría poder hacer que ya fuera de día para que pudiéramos ir a nadar juntos!».

Escuchar con esta empatía realmente ayuda al niño a expresarse y sentirse mejor. A algunos padres les preocupa que nombrar y repetir las emociones negativas de su hijo pueda multiplicarlas pero, en realidad, es al contrario. Un niño que oye las palabras que describen lo que está sintiendo se sentirá acompañado. Una vez que sus sentimientos internos hayan sido comprendidos, puede centrar su atención en sentirse mejor.

Adele Faber y Elaine Mazlish dicen:

> Pero más importante que cualquier palabra es nuestra actitud. Si no nos mostramos compasivos, digamos lo que digamos sonará falso o manipulador a nuestro hijo. Sólo si nuestras palabras están imbuidas de sentimientos reales de empatía y apoyo, se dirigirán directamente al corazón de nuestro hijo.

100

Tener claro que tu hijo es bueno

¿Qué pasaría si supieras, sin duda alguna, que tu hijo cumplirá todas tus expectativas? El que esta predicción te haga sentirte lleno de alegría o de horror dice mucho de la psicología de tu práctica de la paternidad. Si crees en tu hijo, si crees en su habilidad innata para cooperar, mejorar y lograr cosas, y le comunicas esta creencia de forma consistente, él dará lugar a que ocurra (aunque tenga algún traspiés).

Pero si le acosas, le condenas y le transmites el mensaje de que no estás contento con él, seguirá decepcionándote. A veces se requiere un poco de fe; incluso si te desanimas en un momento dado, debes comprometerte a celebrar las cosas buenas de tu hijo. Repite «mi hijo es bueno» como un mantra hasta que te lo creas. Si tú no te lo crees, él se lo creerá aún menos. Y hasta que no se lo crea, no lo será.

Penelope Leach lo explica de una forma muy clara:

> La ironía del comportamiento de los niños pequeños: cuanto más te preocupas por ellos y más intentas cambiarlos, menos posibilidades tienes de hacerlo.
>
> Esto es porque es más fácil vivir con un niño cuando los adultos tienen un planteamiento positivo hacia su comportamiento y asumen que sus intenciones son buenas, elogian las cosas que hacen bien, se aseguran de que entienden lo que se espera de ellos y recompensan un buen comportamiento para motivar que vuelva a darse. Los padres, que creen que sus hijos se comportan especialmente mal o que se lo dicen a sus familiares o cuidadores, tienen el riesgo de enfocarlo de un modo negativo que hará que las cosas empeoren. La disciplina negativa se centra en el mal comportamiento, lo espera, lo busca, lo castiga para motivar el cambio, pero sólo consigue más, *y más y más*, de lo mismo.

Si os habéis enzarzado en luchas de poder, intenta darle un poco de tu poder. Si has sido muy estricto, intenta relajar algunas normas. Recuerda, si no existe una norma, no puedes acusar a tu hijo de habérsela saltado. ¿No sería agradable dejar de castigar a tu hijo con tanta frecuencia y sentir que estáis del mismo lado? ¿Quién sabe cuánta más cooperación podrías obtener si supieras, de corazón, lo bueno que es tu hijo?

101

Quererle con todo tu corazón

El amor paternal es algo curioso. Más que ningún otro instinto humano, saca lo mejor de cada persona. Incluso gente que normalmente es egoísta, serán los padres más generosos cuando sus hijos lo necesiten. La decisión misma de tener un hijo significa un sacrificio personal y esta dedicación se siente de forma natural y normal. ¿Hay algún otro momento en que olvidarse de dormir y tener tiempo libre o apartar los objetivos personales para servir a otro ser humano tenga más sentido?

La dedicación paternal hacia su descendencia es una irrefutable ley de la naturaleza entre la mayoría de los mamíferos. Un ave, cuyo instinto natural le dice que vuele ante cualquier peligro, se quedará y protegerá el nido si tiene polluelos. Los animales más dóciles habitualmente se convertirán en fieros depredadores para proteger a sus crías. Parece como si la supervivencia de muchas especies dependiera del amor paternal y los humanos no somos distintos. Tu hijo necesita tu amor para sobrevivir y, cuanto más reciba, mejor se desarrollará.

La experta en pedagogía Tine Thevenin explica:

> No hay fórmulas mágicas. Criar a un niño con amor no significa que puedas controlar lo feliz que será en sus años de adolescencia o madurez. Debemos amar a nuestros hijos, completa, plena e incondicionalmente, pero no tener la idea errónea de que esto evitará que sean unos adolescentes rebeldes o equivocarnos de tal forma que creamos que ningún momento de tristeza, infelicidad, pena o temor desestabilizará a nuestra familia. Todos

estamos sujetos a influencias que quedan fuera de nuestro control y que pueden dar lugar a tensiones o malos momentos para los que nunca estamos bien preparados. La vida es difícil, y el amor no es una varita mágica, pero el amor y todo lo que representa, es la mejor base para enfrentarse a la vida y a todos su problemas. Todos necesitamos todo el amor que podamos recibir, y especialmente el amor innato de una madre: un amor que nos sujeta, pero que no nos ahoga; un amor que nos hace permanecer unidos pero que nos prepara para separarnos; un amor que se da en beneficio del niño, no de la madre.

Dile a tu hijo lo maravilloso que es. Deja que te escuche cómo le dices lo mismo a otra gente. Algunos padres elogian a sus hijos personalmente, pero luego, creyendo que no les escuchan, le dicen al vecino lo cansados que están y que están deseando que se vayan a acostar. Un niño pequeño es como un radar, y escuchará y entenderá este comentario. Es más probable que se crea una conversación que ha escuchado por casualidad, que lo que su padre le diga directamente. La discrepancia entre una cosa y otra hará que desconfíe de sus padres.

Nuestro consejo es que estés atento a los rasgos positivos de tu hijo y que pases con él tanto tiempo como puedas. Nunca mirarás atrás y dirás: «Me gustaría haber pasado más tiempo en la oficina», «ojalá hubiera pasado más tiempo viendo la televisión» o «me arrepiento de no haber pasado más tiempo jugando al tenis». Sin embargo, si pasas mucho tiempo en la oficina, viendo la televisión o jugando al tenis, es tiempo que no pasas junto a tu hijo y es bastante probable que mires atrás y pienses: «Me gustaría haber pasado más tiempo con mi hijo cuando más lo necesitaba».

Un niño feliz lleva el amor de sus padres como una segunda piel y puede sentir su protección todo el tiempo. Debido a la seguridad que este amor proporciona, puede aprender, explorar y crecer. Diviértete con tu hijo durante estos años preciosos e irrepetibles. Conócele, ríete con él, compréndele y ayúdale. Su felicidad depende más de estas cosas sencillas que de otros factores externos. Ámale como si mañana fuera el fin del mundo y su mañana será siempre feliz.

Bibliografía

BALDWIN, RAHIMA. *You Are Your Child´s First Teacher.* Berkely, Calif.: Celestial Arts, 1989.

BOWLBY, JOHN. *Attachment & Loss: Attachment.* Nueva York: Basic Books, 1969.

——*A Secure Base.* Nueva York: Basic Books, 1988.

BRAZELTON, T. BERRY, M.D. *The Essential Reference: Your Child´s Emotional and Behavioral Development.* Reading, Mass.: Perseus Books, 1992.

——*On Becoming a Family.* Nueva York: Delta/Seymour Lawrence, 1981.

——*To Listen to a Child: Understanding the Normal Problems of Growing Up.* Reading, Mass.: Addison-Wesley, 1984.

BERRY BRAZELTON, T., M.D. Y BERT G. CRAMER. *The Earliest Relationship.* Reading, Mass.: Addison-Wesley, 1990.

BRIGGS, DOROTHY CORKILLE. *Your Childs´s Self-Esteem.* Nueva York: Doubleday, 1970.

BUMGARNER, NORMA JANE. *Mothering Your Nursing Toddler.* Schaumburg, Ill.: La Leche League International, 1994.

CHOPRA, DEEPAK. *The Seven Spiritual Laws for Parents: Guiding Your Children to Success and Fulfillment.* Nueva York: Harmony Books/Crown Publishers, 1997.

CRARY, ELIZABETH. *Without Spanking or Spoiling: A Practical Approach to Toddler and Preschool Guidance.* Seattle, Wash.: Parenting Press, 1993.

CRESS, JOSEPH N. *Peaceful Parenting in a Violent World.* Minneapolis, Minn.: Perspective Publications, 1995.

CULLINAN, BERNICE E. *Read to Me: Raising kids who love to read.* Nueva York: Scholastic, 1992.

DAY, JENNIFER. *Creative Visualization With Children.* Boston: Element Books, 1994.

DYER, WAYNE W., DR. *What Do You really Want for Your Children?* Nueva York: Avon Books, 1997.

EISENBERG, ARLENE, HEIDI E. MURKOFF Y SANDEE E. HATHAWAY, B.S.N. *What to Expect, the Toddler Years.* Nueva York: Workman Publishing, 1996.

EPSTEIN, RANDI. «Quationing the "Deadline" for Weaning». *The New York Times,* 21 de septiembre de 1999.

EYRE, LINDA Y RICHARD. *Teaching Your Children Joy.* Nueva York: Simon & Schuster, 1980.

FABER, ADELE Y ELAINE MAZLISH. *How to Talk So Kids Will Listen & Listen So Kids Will Talk.* Nueva York: Avon Books, 1980.

FERBER, RICHARD, M.D. *Solve Your Child´s Sleep Problems.* Nueva York: Fireside/ Simon & Schuster, 1996.

FRAIBERG, SELMA H. *Every Child´s Birthright: In defense of Mothering.* Nueva York: Basic Books, 1977.

——The Magic Years: *Understanding and Handling the Problems of Early Childhood.* Nueva York: Charles Scribner´s Sons, 1959.

FRIEL, JOHN C. PH.D. Y LINDA D. FRIEL, M.A. *The 7 Worst Things Parents Do.* Deerfield Beach, Fla.: Health Communications, 1999.

GERBER, MAGDA Y ALLISON JOHNSON. *Your Self-Confident Baby: How to Encourage Your Child´s Natural Abilities- from the Very Start.* Nueva York: John Wiley & Sons, 1998.

GREENSPAN, STANLEY, M.D. Y NANCY THORNDLIKE GREENSPAN. *First Feeelings: Milestones in the Emotional Development of Your Baby and Child.* Nueva York: Penguin, 1985.

HANLEY, KATE Y THE PARENT OF PARENT SOUP. *The Parent Soup A-to-Z Guide to Your Toddler.* Chicago: Contemporary Books, 1999.

HELLER, SHARON, PH.D. *The Vital Touch: How Intimate Contact with Your Baby Leads to Happier, Healthier Development.* Nueva York: Henry Holt, 1997.

JAFFKE, FREYA. *Work and Play in Early Childhood.* Hudson, N.Y.: Anthroposophic Press, 1996.

KLAUS, MARSHALL H., JOHN H. KENNELL Y PHYLLIS KLAUS. *Bonding: Building the Foundation of Secure Attachment and Independence.* Reading, Mass.: Addison-Wesley, 1995.

KROPP, PAUL. *Raising a Reader.* Nueva York: Doubleday, 1993.

LA LECHE LEAGUE INTERNATIONAL. *The Womanly Art of Breastfeeding.* Nueva York: Plume/Penguin, 1991.

LEACH, PENELOPE. *Your Baby and Child; From Birth to Age Five.* Nueva York: Alfred A Knopf, 1998.

LERNER, HARRIET, PH.D. *The Mother Dance.* Nueva York: HarperCollins, 1998.

LEVINSON, KATHY, PH.D. *First Aid for Tantrums.* Boca Raton, Fla.: Saturn Press, 1998.

LIEDLOFF, JEAN. *The Continuum Concepts: In Search of Happiness Lost.* Reading, Mass.: Addison Wesley, 1977.

MARSTON, STEPHANIE. *The Magic of Encouragement: Nurturing Your Child's Self Esteem.* Nueva York: Pocket Books/Simon and Schuster, 1990.

McKENNA, JAMES. «Sudden Infant Deatch Syndrome SIDS: Making Sense of Current Research», *Mothering.* Invierno de 1996.

MONTAGU, ASHLEY, TOUCHING. *The Human Significance of the Skin.* Nueva York: Harper & Row, 1986.

MONTESSORI, MARIA. *The Absorbent Mind.* Nueva York: Henry Holt, 1995.

MORGAN, ELISA Y CAROL KUYKENDALL. *What Every Child Needs.* Grand Rapids, Mich.: Zondervan Publishing House, 1997.

MORRIS, DESMOND. *Intimate Behavior.* Nueva York: Random House, 1971.

NOLTE, DOROTHY LAW Y RACHEL HARRIS. *Children Learn What They Live—Parenting to Inspire Values.* Nueva York: Workman Publishing, 1998.

POPPER, ADRIENNE. *Parents Book for the Toddler Years.* Nueva York: Ballantine, 1986.

ROSEMOND, JOHN. *Making the «Terrible» Twos Terrific!* Kansas City, Mis.: Andrews and McMeel, 1993.

SEABROOK, JOHN. «Sleeping With the Baby». *The New Yorker,* 8 de noviembre de 1999.

SEARS, WILLIAM, M.D. Y MARTHA SEARS, R.N. *The Baby Book: Everything You Need to Know About Your Baby from Birth to Age Two.* Boston: Little, Brown, 1993.

———*The Discipline Book: Everything You Need to Know to Have a Better-Behaved Child – From Birth to Age Ten.* Boston: Little, Brown, 1995.

———*Nightime Parenting: How to get Your Baby and Child to Sleep.* Nueva York: Penguin, 1987.

SHIMM, PATRICIA HENDERSON CON KATE BALLEN. *Parenting Your Toddler: An Expert's Guide to the Tough and Tender Years.* Reading, Mass.: Perseus Books, 1998.

SOLER, ALETHA, PH. D. TEARS AND TANTRUMS. *What to Do When babies and Children Cry.* Goleta, Calif.: Shining Star Press, 1998.

STOPPARD, MIRIAM, M.D. *Complete Baby and Child Care.* Nueva York: Dorling Kindersley, 1998.

TIEGER, PAUL D. Y BARBARA BARRON-TIEGER. *Nurture by Nature: Understand Your Child's Personality Type - And Become a Better Parent.* Boston: Little, Brown, 1997.

THEVENIN, TINE. *The Family Bed.* Wayne, N.J.: Avery Publishing Group, 1987.

WHITE, BURTON L. *The New First Three Years of Life.* Nueva York: Fireside/Simon and Schuster, 1998.

———*Raising a Happy, Unspoiled Child.* Nueva York: Fireside/Simon and Schuster, 1994.

WILLIS, KAY Y MARYANN BUCKNUM BRINLEY. *Are We Having Fun, Yet? The 16 Secrets of Happy Parenting.* Nueva York: Warner Books, 1997.

ZIGLAR, ZIG. *Raising Positive Kids in a Negative World.* Nueva York: ballantine, 1989.

Índice alfabético